明治三十六年四月一日第三種郵便物認可

明治三十六年十一月一日發兌 第八號

旅行案内

…旅行案内を御求めの方へは
…物として汽車汽船旅行案内壹部
價金拾錢)を進呈す

本月中日曜一日八日十五日廿二日廿九日三日天長節

發行所 東京市京橋區鎗屋町十五番地 旅行案内社

(電話新橋一〇〇四)

萬里遠征ノ雄心歇ミ難ク明治四十四年九月母國ヲ辭シ南滿、
支那、臺灣、南洋ノ實狀ヲ察シ進ンデ新嘉坡ニ上陸馬來半島ヲ
踏破シ「スマトラ」ヲ一週シテ遠ク「ビルマ」ニ渡リ
更ニ印度ニ入リ幽玄「ヒマラヤ」ノ高嶺ヲ
國境ヲ窮ブ駱駝ノ脊上「ダール」
ノ沙漠ヲ横斷シ「ベルチスタン」
十耳古
ニ向
フノ
途次
彼ノ
ニ於テ
軍事探偵ノ
嫌疑ヲ受ケ官憲ノ護送
ニヨリ
ルハ
ヲ以テ第一回ノ宿願ヲ遂ゲ
大正三年二月歸朝ス
◎旅日二ヶ年六ヶ月!!
◎行程三萬五千哩!!
帝都ニ留ルヿ半歳遍ク天下名士ノ聽援ヲ得
大正三年八月一日午砲ト一轟ヲ期シ東京日比谷
公園音樂堂前ヲ起點トシ第二回ノ征途ニ上リ浦鹽斯徳ニ上陸
西比利亞横斷ノ途ニ就キ黒龍江ノ結氷ヲ踏ンデ北進シ「バイ
カル」湖畔ノ險ヲ起ヘ「イルクック」市ニ達ス時ハ全年十二月
寒威零下實ニ五十度更ニ外蒙古賓城
ヲ訪ヒ興安嶺ヲ踏破シテ哈爾賓ニ至
リ青島ニ渡リ進ンデ天津、
北京ヲ過ギ河南省ヲ經テ大正四年四
月ノ末漢口ニ至ル時偶々日支ノ風
雲急ヲ告
ゲ己ムナク

長崎着別府溫泉ニ靜養健康恢復ノ後九月
十七日日比谷公園ニ歸着直ニ全國各地講演
ニ上リ大和民族海外發展指導ノ上ニ自覺セル使命
ニシテ、更ニ百八竿頭一歩ヲ進メ第三回萬里遠征ノ途ニ上ル近
キニ在リ

（西比利亞部探險中）世界探險家 菅野力夫（印度探險中）

（本部日本力行會 東京市小石川區柳町七十番地）

新世界全景
大阪に高い塔も澤山あるけれども之が一番高いのやー通天閣と
云ふてな三百尺ありまんね エレベーターと云ふ機械の力で
上るに一分間もかゝらずに上れまんねー上に昇ったら
市中は足元に見えまっせ遠くは生駒の山や金剛山に六甲山など中々
よろしいな築港は泉水の様だっせ論より一ぺん昇りまさーおいなはれ

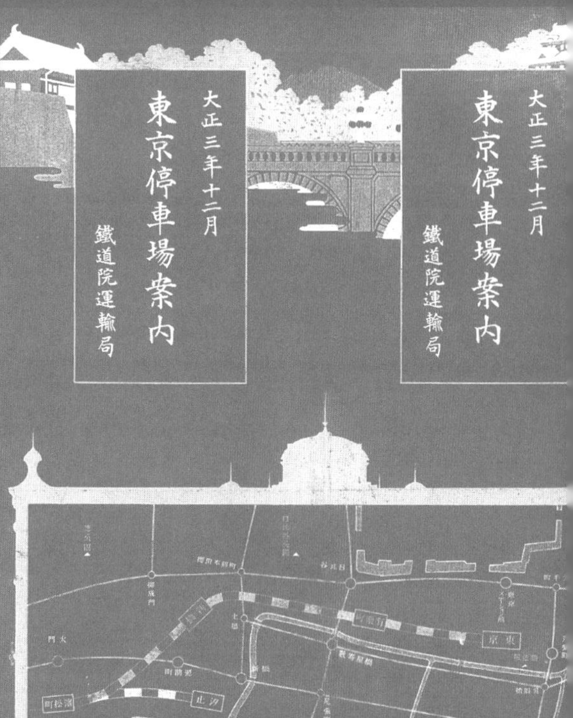

大正三年十二月
東京停車場案内
鐵道院運輸局
大正三年十二月
東京停車場案内
鐵道院運輸局

季節に因む名勝（其八）逗子海濱の夏

東京遊覧乗合自動車

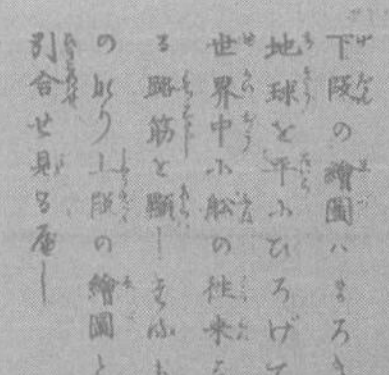

上段のまろき繪圖二つの内右の方を西半球といひ左の方を東半球といふ世界のまろき所を示したるものなり

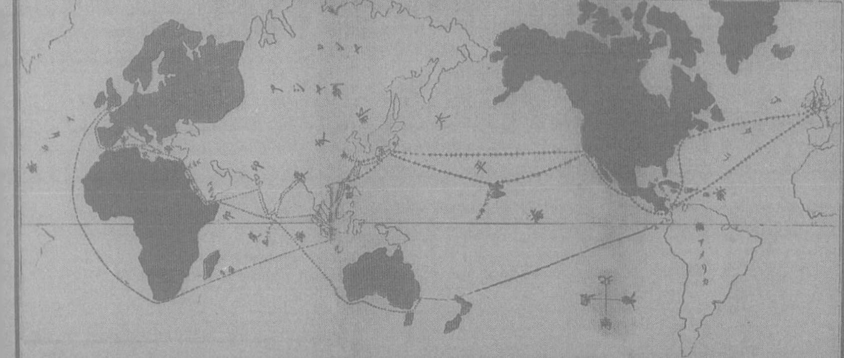

HOW TO VISIT
ROME
THE ETERNAL CITY

羅馬見物

案內者 加藤佐太郎
住所 Via Nomentana, 189-Roma
電話 80947番
電報略名 Kato-Roma

「紀元八〇年建造」コロッセオ圓形劇場

旅の風俗史

觀光時代

近代日本的旅行生活

富田昭次 著

廖怡錚 譯

新世界金景

大阪に高い塔も沢山あるけれども之が一番高いのや—通天閣と
云ふてな三百尺ありまんね エレベーターと云ふ機械の力で
上るに一分間もかゝらずに上れまんね—上に昇つたり
市中は足元に見えまっせ遠く生駒の山々金剛山に六甲山など中々

待客之道
溫泉旅行
海濱度假村
高爾夫球度假村
冬季運動度假村
神社寺廟參拜
名勝山水
名橋巡禮
飯店
外國人眼中的日本
高處遊覽
路面電車
鐵道旅行
豪華客船
客機
旅行雜誌
探險家・冒險家

觀光時代

近代日本的旅行生活

別府溫泉之名產——海岸沙浴，於後方可見大阪商船的出航（阪神—別府）。來自關西一帶的遊客急速增加。

「在清澈透明的溫泉中，
浮映出美麗動人的妹妹，
晶亮柔潤的秀髮。」

透きとほるいで湯の上にうかびけ
りうつくし妹がときあらひ髪

——田山花袋

草津溫泉，連日本近代醫學之父貝爾茲博士也讚不絕口。
風景明信片上介紹的是草津溫泉的著名景觀——翻攪的時間湯。

温泉旅行

溫泉並非自古以來便觸手可及的存在。直至江戶時代，除了一小部分的例外，庶民們無法自由旅行，因此很長一段時間，溫泉等於是特權階級的獨佔物。

松川二郎在《以療養為主的溫泉導覽》（白揚社，1929）一書中，提出「至今的溫泉導覽介紹都只是溫泉讚美記」，因此針對以療養為目的的讀者書寫溫泉導覽，記述全國主要溫泉鄉的泉質及效能、治癒的實例、設備、經費及缺點等。

鎌倉海濱飯店的介紹手冊，以「位於一萬坪的松林之中」的地理位置為傲，並宣傳「可舉辦容納數千人的園遊會」。

海濱度假村

鹽浴療養自江戶時代開始施行，但活用這段歷史而開發的海水溫浴設施，要一直到一八八二年（明治十五年）才在愛知縣大野地方的千鳥濱海岸誕生。

・◆◆◆季節に因む名勝◆◆◆（其八）逗子海濱の夏

〈逗子海濱之夏〉，刊載於《歷史照片》雜誌 1931 年 8 月號（歷史寫真會出版）。「逗子海水浴場的地理位置右臨鎌倉，左接葉山，近年來漸趨繁盛。」

為了吸引乘客前來，東京鐵道局於 1929 年（昭和 4 年）發行房總常磐一帶的海水浴場導覽書。

海水浴

濱寺海水浴場，同處設有濱寺水練學校。「濱水」讓許多旱鴨子學會游泳。跳板以「跳水板」之名稱表現。

日文漢字中「旅」之字源——去除「旗」字的「其」，加上「从」（意指人群聚集），組合而成「旅」字。換句話說，「旅」字之意，原是表現眾多兵士聚集在軍旗之下的景象，也因為軍隊會四處移動，逐漸變成我們現今認知的「旅行」之意。

冬季運動度假村

近代滑雪運動傳入日本，一開始完全是基於單純的軍事理由，與冬季運動絲毫沒有關係。

赤倉觀光飯店開幕，為滑雪度假區。圖中繪有耀眼奪目的踏雪車，由經營者大倉喜七郎男爵引進。

旅行雜誌

呼應著昭和前半葉旅行熱潮的高漲，一九三五年（昭和十年），雜誌《旅》的發行數量達到二十四萬部。且在這個時代，各式各樣的旅行雜誌也隨之創刊發行。

毎月一回 一日發行

製本美麗 紙數六百頁餘

六石佐藤寛先生著 文範

定價金五拾錢 郵税金拾錢

著作權所有

今泉秀太郎君著 極東地圖 縱五尺三寸 横四尺五寸 定價折本金壹圓 郵税金六錢

明治三十六年四月一日第三種郵便物認可

明治三十六年十一月一日發兌第八號

旅行案內

此旅行案内を御求めの方へは景物として汽車汽船旅行案内壹部(代價金拾錢)を進呈す

水路部長海軍少將肝付兼行君 日本郵船株式會社副社長加藤正義君 鐵道作業運輸部長工學博士平井晴二郎君 大阪商船株式會社社長中橋德五郎君 校閲 庚寅新誌社主手塚猛昌著作 水崎盛政製圖

增補訂正再版交通全圖

附世界交通圖 定價金參圓 縱五尺横八尺六寸用紙舶來上等製本は裹打折本也

小包料同一郵便區內金五錢、同一郵便區外金拾五錢、臺灣金參拾五錢

發行所 東京市京橋區鎗屋町十五番地 旅行案內社

旅行案內社(電話新橋一〇〇四)

菊全版壹冊

山根正次先生著 婦人之生活

正價金參拾錢 郵税金四錢

本月中日曜日一日八日十五日廿二日廿九日 三日天長節 廿三日新嘗祭

《旅行導覽》第八號（旅行案內社，1903）。翻開封面，可以看見公司的通告：「旅行導覽，是經過公司職員實地踏查與探險後，整理出的各地交通樣貌，是唯一為了替一般旅行者提供導覽的雜誌。」

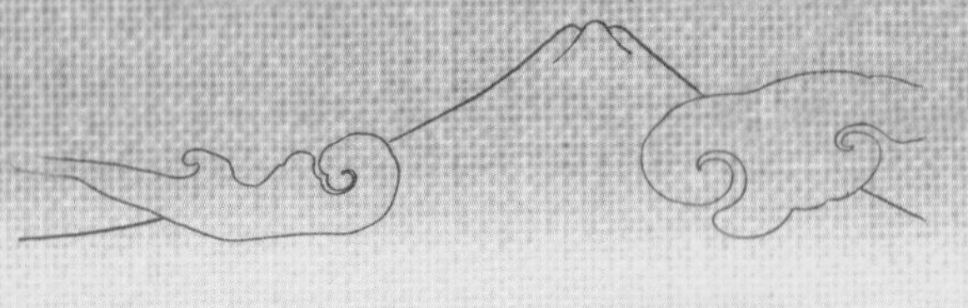

經營纜車與空中纜車的京都電燈・叡山電鐵課發行的《比叡山導覽觀光》（英文版）。京都大原行商女子的美人畫十分美麗。

神社寺廟參拜

在江戶時代，參拜旅行為庶民之間的一大要事。表面上是信仰的一環，實際上，是因為在參拜後便能開葷，享受宴會、溫泉療養與名勝遊覽之樂趣。

富士淺間神社收藏版本的銅版畫（野木三平治編，《富士山東門新道御殿場車站圖》，淺間神社社務所，1892）。自古以來，富士山便是民眾信仰的對象。江戶時代出現許多富士教團（富士講），至明治、大正時期更是蓬勃發展。

獲選為日本新八景的木曽川（日本航線）美術明信片組之封面圖畫。

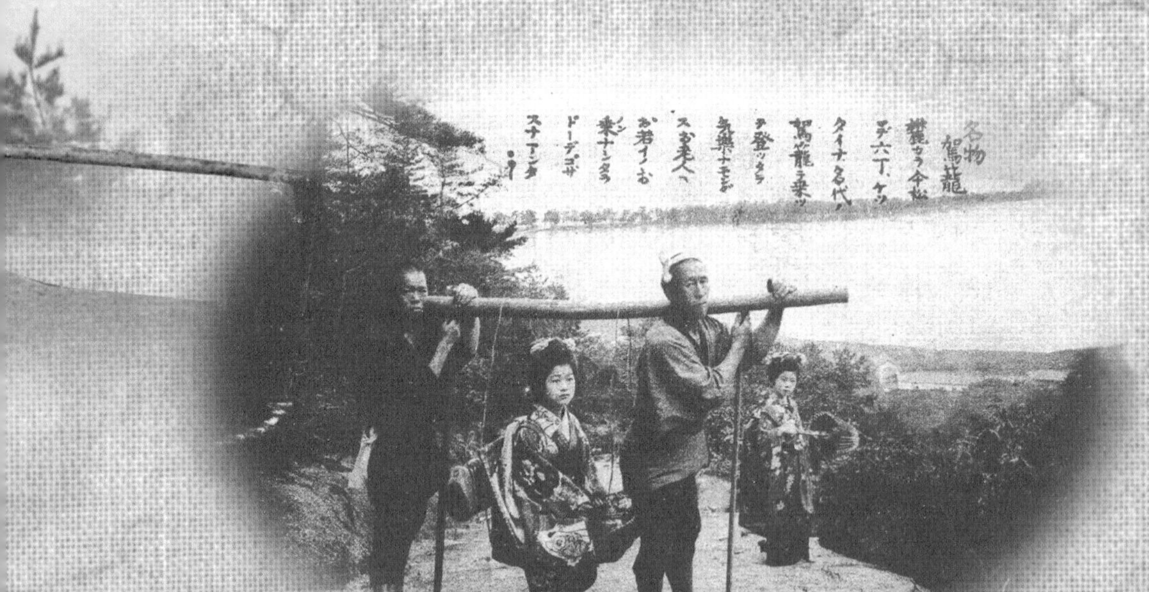

天橋立之名物——盆轎。1927 年（昭和 2 年）開通纜車至傘松（眺望山麓景色的絕佳之處）以前，盆轎為常用的交通工具。

名勝山水

一九二七年（昭和二年），成立國立公園協會的同年，《東京日日新聞》、《大阪每日新聞》舉辦讀者投票活動，以票選決定日本新八景。此活動獲得廣大的迴響，一個多月便募集了九千三百五十萬張選票。

日本三景之一，天橋立之名景——胯下看世界。郵戳的「傘松」，便是眺望景色的最佳地點傘松公園。

「汽笛一響，汽車駛離新橋，
進入愛宕山鞍部，明月伴旅……」

汽笛一声新橋を、はやわが汽車は
離れたり、愛宕の山を入り残る、
月を旅路のともとして......

──〈鐵道唱歌〉

車窗

鐵道的發達，使乘客在抵達目的地之前，可以從「車窗」這一個方框中眺望沿路風景。「車窗」為明治時期創生之詞，對當時的人們來說，或許聽起來便是足以搔弄旅情之字詞。

──「東海道／江戶之旅／近代之旅」展覽

鐵道旅行

探索鐵道的歷史，或許也等同於描述日本的近代史。其中包含建設的歷史、車輛製造技術的歷史、運行服務的歷史。毋庸贅言，也有旅行文化的歷史。

1914 年（大正 3 年）東京車站開業時，鐵道院運輸局製作的導覽手冊《東京停車場導覽》。觀看下圖，可以發現鐵道的路線終點為東京車站。11 年後，才完成東京—上野之間的高架路線。

「懷念故鄉的方言，前往人來人往的停車場（車站）一解鄉愁。」

ふるさとの訛なつかし停車場の　人ごみのなかにそを聞きに行く

——石川啄木

不同種類的相撲或日式摔角

一般的摔角或相撲

拇指摔角

兩隻手緊握，但讓拇指可以自由活動。成功壓制對方拇指者為贏家。

扯脖子

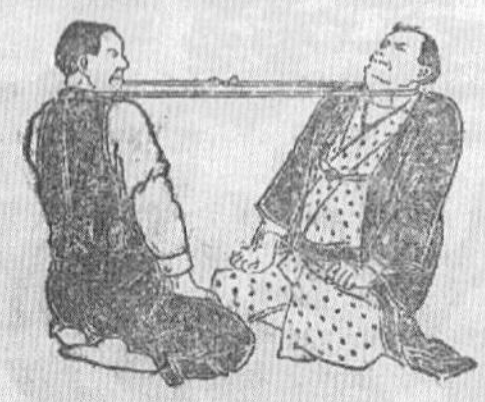

玩家被往前扯即輸。

手臂摔角（比腕力）

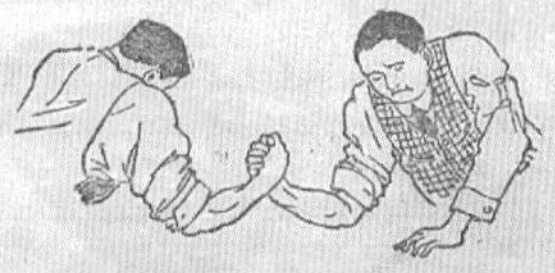

兩隻手緊握，且競爭者皆試著壓倒對方。成功強迫對方手背碰到地墊者為贏家。手肘必須一直固定於地墊之上。

搶枕頭

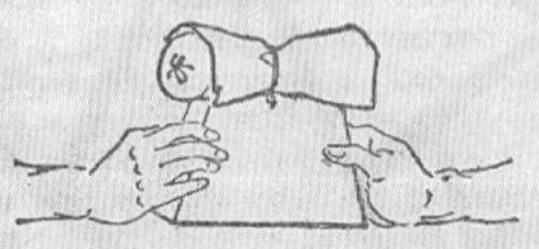

使用日式木製枕頭。但是必須近乎筆直地拉搶，不能往右或左轉。讓枕頭脫手者為輸家。

大腿摔角

成功壓倒對方大腿至地墊者為贏家。腳的位置必須保持固定。

《我們日本人》（*We Japanese*）（富士屋飯店）。1934年（昭和9年）發行第一版，分為兩冊，共花費了400頁以上的篇幅，詳細介紹日本文化。由於飯店長年接待外國旅客，經常被問到關於日本風俗習慣的問題，因而出版該書。圖中為1947年發行的第七版。

外國人眼中的日本

時代進入大正年間，環遊世界一周的觀光船在日本靠岸，外國旅客的人數順勢成長。日本旅行協會詢問外國旅客印象最深刻的國家，結果十二個分類項目中，日本在優美的國家、婦女、山岳以及寺廟神社的項目拔得頭籌。

日光金谷飯店發行的日光導覽書英文版。
封底列出了該飯店海外的貴賓名單表。

「當周圍的人們得知我受邀至日本時，都欣羨不已。感受到周遭如此羨慕的眼，這是我在柏林的時候從未有過的體驗。」

私が日本へ招待されたということを周囲の人びとが知ったその時、ベルリンにいた私が、あれほどまでに羨望の的になったことは、いまだかつて、私の人生のなかで経験したことはありませんでした。

——愛因斯坦《愛因斯坦在日本談論相對論》

高處遊覽

說到能俯瞰市街的場所，過去大概就只有城內的天守閣以及消防專用的望樓而已。然而，這些場所也僅有少部分的人才能登上。新時代的明治，可以說是讓人們開始能夠俯瞰市街，賦予全新開放感的時代。

新世界全景
大阪に高い塔も澤山あるけれども之が一番高いのや―通天閣と
云ふてな二百尺ありますんねエレベーターと云ふ機械の力で
上るに一分間もかゝらずに上れますんねー上に昇ったら
市中は足元に見えまっせ遠く生駒の山々金剛山に六甲山など中々
よろしいな築港は泉水の様だっせ論より一ぺん昇りまよさーおいなはれ

1912 年（明治 45 年）完成的第一代通天閣，高 75 公尺，組合了凱旋門及艾菲爾鐵塔之形象建造而成。圖中也可以看見日本的首條纜車。

「從未在這麼高的地方俯瞰東京。就連溝渠環繞起來的外國人居留地，
也能盡收眼底，彷彿可以用手掌抓取眼前這片風景。」

こんな高い所から東京を一望したことはない。掘割に囲まれた居留地も、まるで掌に取るようにその全景が俯瞰出来る

——山田風太郎〈怪談築地飯店〉

客機

最早的客機因為是小型飛機，機內全部只有四個客席，沒有走道。所謂的「空中小姐」，工作也就是與乘客一同搭乘飛機而已。

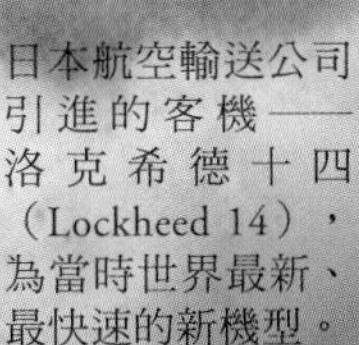

日本航空輸送公司引進的客機——洛克希德十四（Lockheed 14），為當時世界最新、最快速的新機型。

飯店

對過去的日本人而言，「飯店」是一個讓人懷抱著憧憬與畏懼的地方，宛如另一個不同的世界，是日本國內的外國世界。

UENO DENKI HOTEL

ホテルの御案内

和洋風式

御家庭的と御気軽専一

東京市下谷区車坂町十一番地

上野驛前

上野デンキホテル

上野電力飯店（開業年代不詳）。其介紹手冊上寫道：「上野大車站復興後，耳目一新。」上野車站於 1932 年（昭和 7 年）重新改裝，該飯店或許便在此時開始營業。飯店名稱則十分少見，命名緣由或許與電梯的設置有關。

豪華客船

客輪帶來了各式各樣的文化風貌。在客船的下水典禮上，聚集著許多觀賞人潮，而造船所會在現場灑下紅色與白色的小麻糬，成為許多觀光客前往參加典禮的目的。當時認為，吃下這些小麻糬，便能順利生產或無病無災。

東洋汽船的地洋丸。被譽為日本首次出現的豪華客船——東洋汽船的天洋丸，與地洋丸（天洋丸型號的二號船，總重 13,426 噸）以及春洋丸（同型號的三號船）為 3 艘姊妹船，皆航行於舊金山航路。

近代旅行的多樣化，也是鐵道、輪船、公共汽車等交通工具，以及住宿、觀光設施的整備，加上風光明媚的自然景觀、風景名勝、名產料理等豐富的觀光資源，與各式各樣搔弄旅情的媒體宣傳及背後所有辛勤工作的人們，一起構築起來的風景。

路面電車

路面電車鼎盛的昭和初期，於日本全國六十五個都市中，約有一千四百八十公里長的路線軌道。在東京，若是電車滿載，甚至還可以看見乘客們身體懸在車廂外的光景。

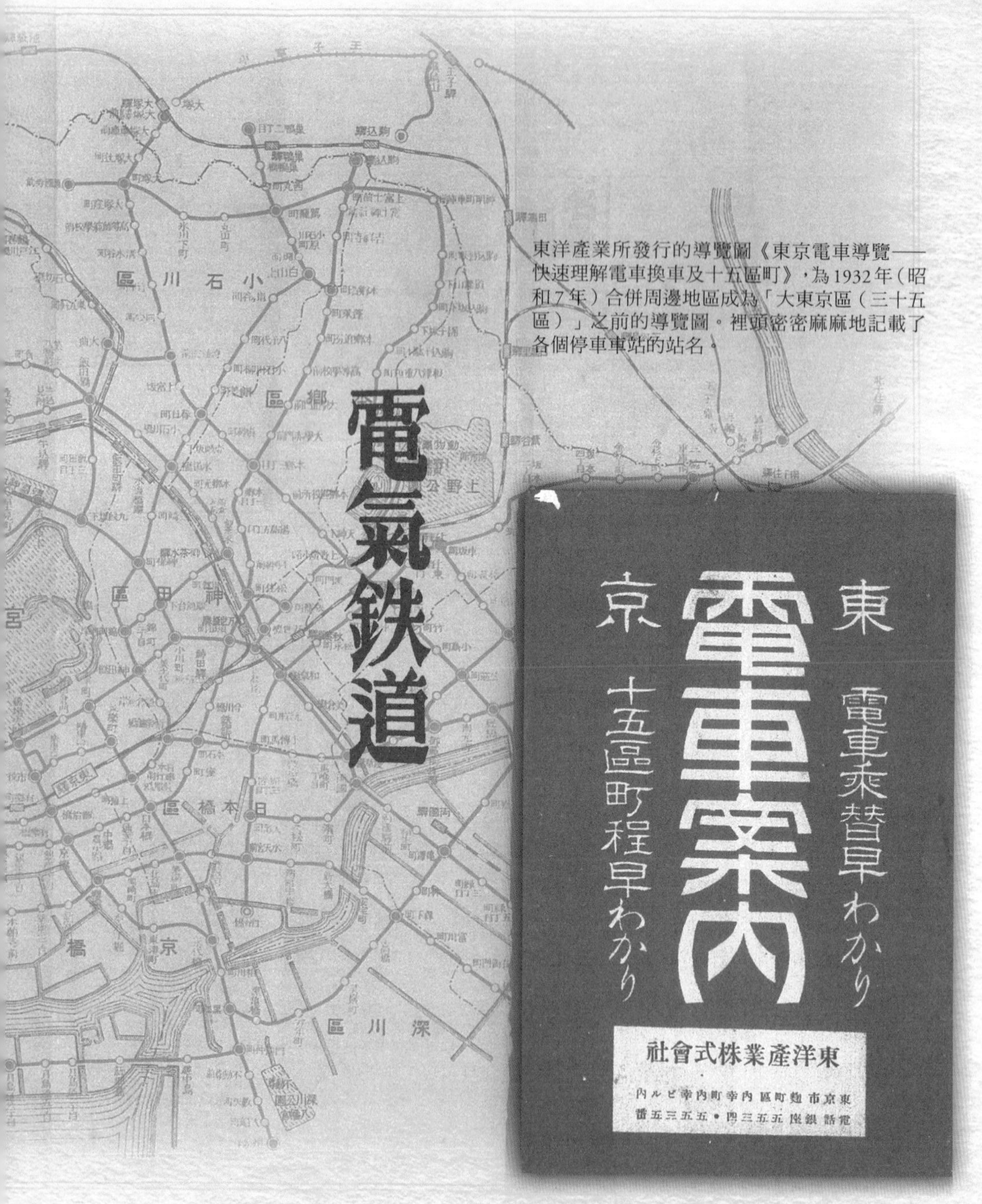

東洋產業所發行的導覽圖《東京電車導覽——快速理解電車換車及十五區町》，為1932年（昭和7年）合併周邊地區成為「大東京區（三十五區）」之前的導覽圖。裡頭密密麻麻地記載了各個停車車站的站名。

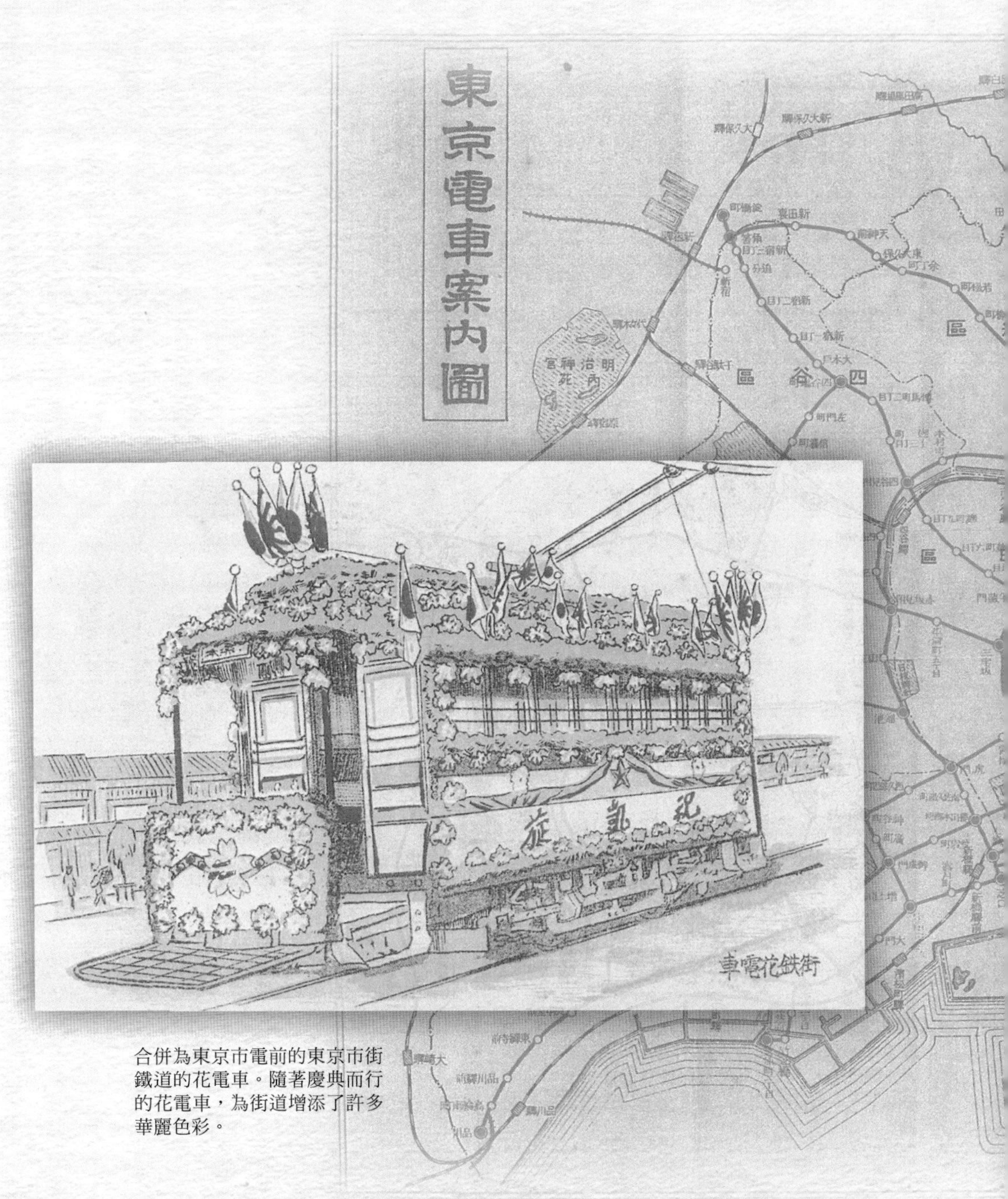

合併為東京市電前的東京市街鐵道的花電車。隨著慶典而行的花電車，為街道增添了許多華麗色彩。

行駛於銀座的路面電車。據說在 1919 年（大正 8 年），
東京市電（路面電車）的一日乘客數已經突破了一百萬人。

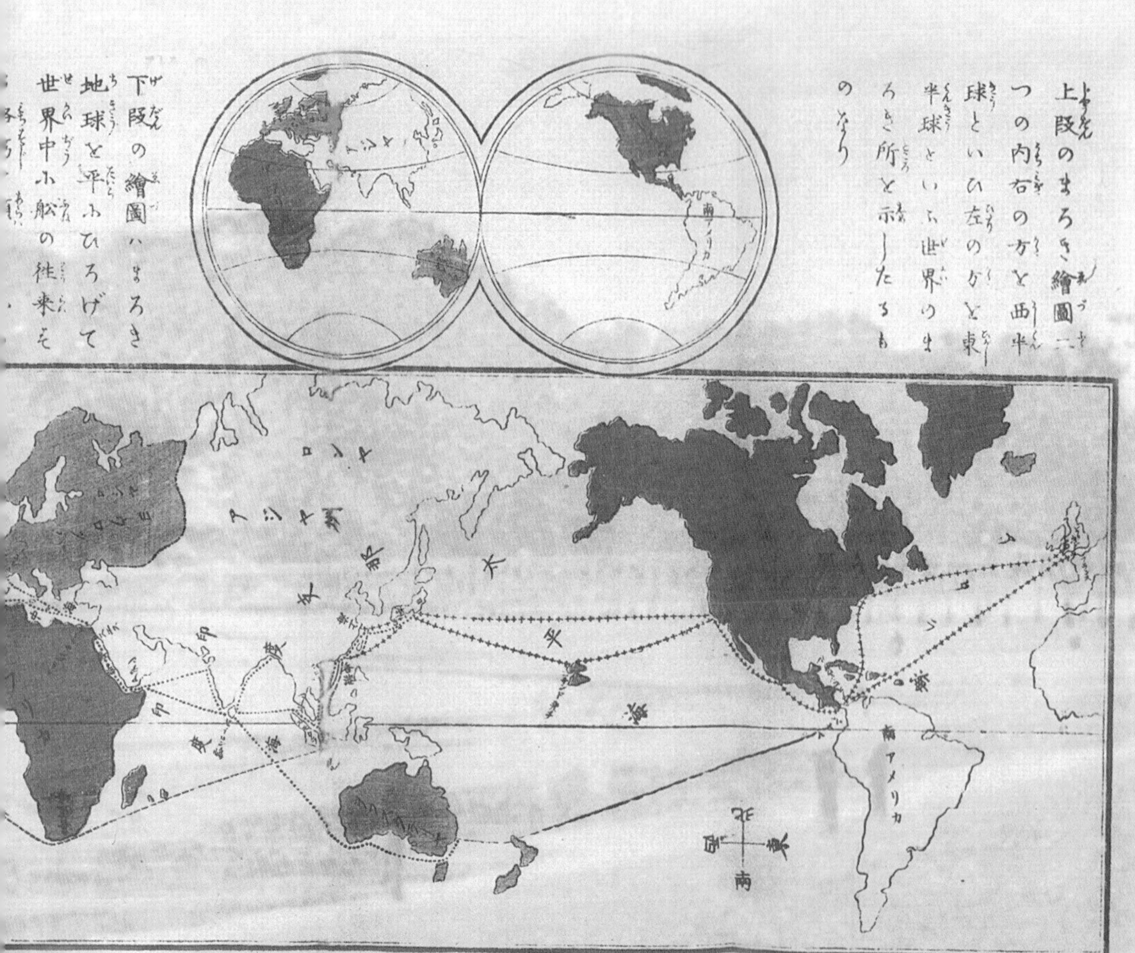

《西洋旅行導覽》收錄的世界地圖。現今的太平洋在當時為太平海、大西洋為「阿塔拉海」，夏威夷群島則是三明治群島。

海外旅行

一八五九年（安政六年）在箱館、橫濱、長崎對外開港後，日本邁出了近代化的一步。人民的目光開始注意到海外的世界，也出現職務上需要前往國外的人們。而帶頭的先驅者，便是遣外使節團。

思清水正己的《從商業看歐美都會觀光》（日本評論社，1924）。作者為雜誌《商店界》之主辦人，帶著5位家人前往歐美，詳細觀察當地的商業設施。當時已經開始了這種類型的視察旅行。

羅馬觀光的導覽者加藤佐太郎發行的導覽手冊。其中，加藤氏被介紹為「數十年來專門接待日本人旅客的安東尼奧」。

萬里遠征ノ雄心歇ミ難ク明治四十四年九月母國ヲ辭シ南滿、朝鮮、臺灣、南洋ノ實狀ヲ察シ進ンデ新嘉坡ニ上陸馬來半島ヲ縦斷シ「スマトラ」ヲ一週シテ遠ク「ビルマ」ニ渡リ更ニ印度ニ入リ幽玄「ヒマラヤ」ノ高嶺ヲ

（上）太刀洗飛行場

七月二十七日午前十一時十五分大阪より到着柴田福岡縣知事の祝辭を受く

（下）平壌に於ける二機

七月二十八日朝鮮海峡を越わ午後二時四十五分無事平壌着大歓迎を受け平壌神社神職清祓を行ひて前途の平安を祈る　手前にあるが初風機なり

初風號、東風號抵達平壤的英姿。出自岡野養之助的《訪歐大飛行誌》（朝日新聞社，1926）一書。書中花了 977 頁的篇幅，詳細介紹飛行計畫的進行以及飛行紀錄等。飛行行程由東京出發，經平壤、哈爾濱、赤塔、伊爾庫次克、莫斯科，最後進入歐洲。該書在「蘇維埃」的理解上貢獻良多，旅途中，也獲得蘇維埃的協助與合作。

白瀨南極探險隊的照片明信片，拍攝於 1912 年（明治 45 年）1 月 24 日。4 日後，探險隊放棄繼續前進。

探險家·冒險家

探險家及冒險家們不斷面對挑戰的歷史，正是我們人類知識擴大增長的歷史。

有「世界探險家」之稱的菅野力夫。右方為西伯利亞探險中的菅野氏；左方為印度探險中的菅野氏。世界探險的內容則簡略地寫在明信片中。

名橋巡禮

日本三奇橋之一的岩國市錦帶橋，即使在禁止旅人進入的江戶時代，也有繪畫等媒介，將橋梁的存在廣泛地傳達至世人的眼中。到了明治時代，禁令解除，則更加吸引眾人的關心。

岩國高名ノ錦帶橋ヲ裏ヨリ見ヌ所

「往鐵橋 兩個便當空盒飛躍起舞」

鉄橋へ　弁当のから二つ舞ひ

——海野信正《橋之川柳俗話》

「越渡反橋，下橋比登橋來的可怕。」

反橋は上るよりもおりる方がこわいものです。

——川端康成《反橋》

KINTAI BRIDGE, SUWO.

橋帶錦國岩

風景明信片中由下向上望去之木造多連式拱橋錦帶橋，可以看見木材間組裝的細密之感。據說這座橋的誕生可以向上追溯到1673年（延寶元年）。其中，「岩國著名的錦帶橋由下向上望去之景」之文字，為這張風景明信片使用者所寫下。

導讀

閱讀「觀光時代」：在神保町遇見《旅の風俗史》

國立東華大學歷史學系副教授　蔣竹山

這幾年為了執行科技部專題計畫「十八世紀東亞的博物學交流」，常會往日本跑，最常去的城市就是京都、大阪及東京。除了固定正經八百地埋首在京都大學的農學部圖書館或東京大學的總合圖書館，查閱人參史資料外，最常待的地方就是書店。

不知從何時起養成的習慣，只要去一個新的城市，一定去看該地的書店。不論是新書店或古書店，在那消磨大半天，總是每次旅行最愉快的體驗。相較於京都及大阪，去東京的次數少了許多，其中印象最深刻的景點不是淺草寺、上野公園、東京鐵塔、明治神宮或皇居，而是神保町。

通常我一到神保町站，會從A7出口上去地面的白山通り，之後右轉，走不到兩分鐘，就會看見這條路和靖國通り的交叉口。再往右轉是我常去的路線，順著靖國通，光是這條街就夠你逛的。這附近有大大小小一百五十幾間古書店，我常光顧的店有：古書店叢文閣、大雲堂、明倫館、一誠堂、小宮山、一心堂，以及新書店三省堂、東方書店。

我習慣一去就找家店拿份最新的神保町書店指南地圖，這是一份「神保町古書店聯盟」所出的指南，裡頭有各家書店的位置，並以色塊做書店書籍特色的區隔。除了少數以藝術、生活、美學、自然科學為主題的書店外，大多數古書店都有人文類的書，尤其是歷史的書，所以幾乎每間書店都有我感興趣的主題可逛，差別只在數量多寡。

這裡頭，我最喜歡的古書店是一誠堂，學術書極多。這是一間有百年歷史的老店，創立於明治三十六年（1903），一九〇六年正式進駐東京，一九一三年才遷移至此。這書店主打人文的和書及西洋書，是我見過這附近歷史類，尤其是東洋史書籍最多的一間老店。大門左右兩側有櫥櫃，裡頭展示一些珍品書籍。一進裡頭，你肯定會被兩旁到頂的書架給吸引，由於空間夠大，分類明確，在裡頭逛起來相當舒適，絲毫沒有傳統逛擁擠、霉味撲鼻舊書店的壞印象。我最喜歡進門到底左側靠牆的那排書區，那有數量龐大的中國史、日本史、韓國史，及各種交通史、對外關係史。也有各種風俗、傳記、鄉土、地方志，或佛教、神道教的宗教類書籍。

去年的東京行，原本是要找看看有沒有東亞「味の素」的舊書可買。可惜這類書流通得太少，跑了好幾家，都沒見著，卻是在找書過程買到不少還不錯的物質文化及醫療史的書，像是宇賀田為吉的《煙草文化誌》。還買到一九三二年發行，廖溫仁的《支那中世醫學史》。當時這書售價只要八圓，現在可是要日幣八千圓。

當然，若非有特定書要找，多隨意逛逛，常會有意外收穫。這條街上很多書店，還是有許多平價書或特價書，文庫本當然不用講，一般書店都會堆在門口賣，一本一千或兩本一千的都有。去年九月那一次，在大雲堂門口就買到只要一千日幣的《旅の風俗史》，幾乎是原價一半，卻跟新書沒兩樣。

第一眼在神保町古書店見到富田昭次的《旅の風俗史》，就深深被這本書的封面給吸引，各種色彩鮮豔的城市地景、廣告招牌、世界地圖、旅遊景點及旅行案內的海報、明信片、書封照片將「旅の風俗史」這幾個黑體字包在封面中央，叫人不打開都不行。當然，會吸引我的絕不僅只有圖像，而是「旅」這個字眼。這些年我最積極蒐集的書除了日記之外，就屬旅行的歷史書籍了。打開目錄，映入眼簾的目錄有分似曾相識的熟識感，怎麼和我那本《島嶼浮世繪》有點像，我用三十六個關鍵詞寫日治臺灣的社會生活史，富田昭次則是以二十個條目寫出近代日本的旅行生活。

一九五四年出生在東京的富田昭次，曾擔任過旅館專門雜誌的總編輯，是日本相當活躍的旅行作家及旅館／飯店史達人，經常在雜誌發表旅行史散文。他的著作豐富，說他是旅館史專家一點也不為過，從一九九六年開始就著書不斷，至今已累積有近二十本的相關著作，幾乎每年都有新著。像是《東京希爾頓飯店物語》（1996）、《最高級的飯店所隱藏之秘密》（1997）、《日本的民俗文化：重要無形的民俗文化財的世界》（1999）、《鄉愁・飯店物語》（2000）、《國會東急飯店的故事》（2000）、《「極致」的飯店》（2002）、《飯店與近代日本》（2003）、《東京的飯店》（2004）、《從美術明信片看近代日本》（2005）、《飯店的社會史》（2006）、《捕鯨男——天才飯店經理麥可・近藤的生涯》（2006）、《旅行的風俗史》（2008）、《一個人的飯店的快樂》（2009）、《一本就懂的飯店服務學》（2011）、《旅館博物誌》（2012）、

《一百個飯店故事》（2013）、《日航東京飯店的婚宴》（2013）、《追求理想的飯店：皇家公園飯店的和魂洋風的服務》（2014）。

《旅行的風俗史》（台版譯為《觀光時代：近代日本的旅行生活》）只是他諸多旅館著作中的一本，但卻不像其它著作只寫旅館，這本書基本上將近代日本的旅行生活史做了完整的描繪。二十個主題涵蓋了：待客之道、溫泉、度假村、神社、風景名勝、飯店、外國人看日本、登高、電車、鐵道旅行、飛機、客船、旅遊雜誌、海外旅行、上海、大東京。作者雖然非歷史學家，卻「上窮碧落下黃泉、動手動腳找東西」地蒐羅了從明治到昭和年間的各種旅行史料，舉凡檔案、文人遊記、日記、圖像、明信片、宣傳單、廣告、旅行指南、旅遊雜誌、官方文書、博覽會誌，此外還參酌了當代的部分旅行史研究。這種功夫基本已經不輸給當代專業史家。

促使作家寫作的動機千百種，我是因為讀了吳新榮的日記才開始注意日治臺灣的生活史；而富田昭次本書則是因為一幅畫，一幅我們也熟悉的畫家吉田初三郎所繪的鳥瞰圖，他由原先旅館的歷史轉而踏上了近代日本旅行的歷史。那是寫出該書的十幾年前，他在某條古書街見到這位畫家的作品，他描繪道：「如同畫卷一般的橫長畫法，內含許多誇大的部分，充滿著虛擬的氣息，但另一方面，又討人喜歡。……還讓人覺得：『啊，我想去這個地方。』」這本書就是在這樣的機緣下，以富田昭次個人蒐羅的史料為基礎，藉以呈現出近代旅行的樣貌。他希望能夠讓讀者享受一趟歷史的時光旅行，鳥瞰近代的旅行風俗文化。

然而，日本近代的旅行生活，與此刻的我們究竟有何關聯。原本陌生的我，讀完此書，卻有著豁然開朗的感覺。沒錯，就是這種氛圍，這種當時整個東亞大致都有的氛圍，我們或許可以稱這個時代為「觀光時代」。

要理解「觀光時代」的特色，我們可能要有點全球史的視野，將眼光放在整個東亞的旅行史。閱讀旅行史幾乎就是閱讀整個二十世紀上半葉的城市生活史。

旅行的文化史是近來史家關注的焦點。看看二〇一四年一場中研院近史所舉辦的「全球史視野下的中國近代史研究國際學術研討會」中的場次就知，光是會議上討論有關旅遊的論文就有以下主題：「城市指南與二十世紀青島的空間變遷」、「城市、避暑與海濱休旅：晚清至一九二〇年代的北戴河」、「民國時期蘇州旅遊業與旅館業的變遷」、「《中國旅客》：旅遊工業、印刷文化與近代中國」、「中國旅行寫作在前線：南京時期」、「旅客遊觀與市民城居的雙重變奏：近代華文上海指南書刊的編纂策略」、「中國指南在日本：一九三一年前後」、「近代日本的城市指南與中國印象：北京、天津」、「重閱《臺灣鐵道旅行案內》：無場所性的城市觀景窗」、「清代北京的旅蒙商」、「從《都門紀略》到《北平旅行指南》：北京旅遊資訊的近代化歷程」。這些文章區域橫跨了近代中國到日治臺灣，課題囊括了旅行指南手冊、城市、旅館業、旅行業、旅遊雜誌等，之所以受當代史家青睞，很重要的一個因素是這些反映了當時的城市文化與現代性，不僅具有全球化現象也有在地特色。

甚至有歐美史家以旅行為題材，計畫編纂出一套大學的世界史教材。西雅圖大學歷史系的Tom Taylor就是代表人物，他打算編的通史每一章包括一個旅行的故事。受到這樣概念的影響，我也曾經在歷史系的課上設計了「行旅者的世界史」十二講，以深入淺出的方式，透過行旅者的角度，以十二個故事，講述世界史的近代變化、人類歷史的網絡聯繫與文化相遇。這些主題分別是：（1）想像異域：朝鮮燕行使與燕行錄、（2）閱讀一四九三：白銀時代的明清中國、（3）塑造消費品味：晚明的旅遊文化、（4）中英禮儀衝突：馬嘎爾尼使華團、（5）人參與帝國：耶穌會士杜德美的人參書寫、（6）茶盜之旅：植物獵人福鈞、（7）近代中國最慘的內戰：太平天國、（8）外國人眼中的晚清飢荒：「丁戊奇荒」、（9）看見十九世紀臺灣：李仙得的臺灣紀行、（10）事件、經歷與神話：義和團運動、（11）邪惡的戰爭：一戰百年、（12）跟著林獻堂去旅行：始政四十年博覽會。誠如Taylor所說，正是這些故事塑造或闡明了我們的世界史，旅行的故事勾勒出人類歷史本質的彼此關聯和跨文化互動。

在此脈絡上去看富田昭次的《觀光時代：近代日本的旅行生活》，有助於我們去理解書中各種單篇故事的背後時代意義。富田昭次相當精確地掌握到近代日本旅行生活史的各種面貌。近代的旅行產業、文化、文明，是在廣大世界的支持下發展成形。近代旅行的多樣化，也是鐵道、輪船、公共汽車等交通工具，以及住宿、觀光設施的整備，加上風光明媚的自然景觀、風景名勝、名產料理等豐富的觀光資源，與各種搔弄旅情的媒體宣傳及背後辛苦勞動的工作者，一起構築起來的地景。

因此，透過富田昭次之眼，我們認識到：原來明治時代以前，一般民眾是禁止自由旅行的。由明治到大正時代，隨著時代的推進，旅行變得更為大眾化，較以前更為普及，對於飯店及飯店接待狀況的關心程度也逐漸升高。怎麼由早期令人苦惱的茶水費，到一九二五年演變為「日本旅行協會」開發出使帳單名目透明化的優待券，得以讓客人無後顧之憂地享受飯店的服務，本身就是現代性的表徵。而溫泉也非自古以來就觸手可及的地方，直到近代之前，溫泉都是特權階級的獨佔物。日本的海水浴場，最早並非以休閒為目的，而是第一代陸軍軍醫總監松本順發現了海水浴在醫療上的效能。神社參拜的便利性與鐵道開通及電車的出現有直接的關聯，名勝情報的流通則與美術明信片在大眾之間廣為流傳有關。此外，一九二七年日本新八景的票選原來票數遠遠少於同年在臺灣舉行的同類型活動，而且沒被選上的景點當地居民，為此還表示不滿與抗議，審查委員因為這些舉動還特地前往落選地撫慰居民，報社更順應民意，另外選了日本二十五景及日本百景。

透過《觀光時代》，我們還知道了一些旅行史上的重要大事紀，像是第一個高爾夫球俱樂部誕生於神戶、一九〇六年就公布鐵道國有法、一九一一年日本橋改建為石造拱橋、一九一二年日本旅行協會成立、一九一三年吉田初三郎完成鳥瞰圖處女作、一九一四年東京車站開始營運、一九一八年第一條纜車在奈良運行、一九二三年長崎至上海一週兩航班、一九二四年雜誌《旅》

創刊、一九二九年太平洋女王淺間丸出航、一九三〇年超級特快車「燕」通車、一九三一年東京航空運輸開始採用空中小姐、一九三四年瀨戶內海、雲仙等地成為日本最早的國家公園、一九三四年新宿已經有「日本第一人群聚集處」的稱號、一九三八年東洋最大商業飯店第一飯店開幕、一九四四年旅行證明制度開始實施，長距離旅行需要有證明書才能出發。

然而，這些日本旅行史的細節並非只是遙遠的日本史。其實，對近代日本的理解，就是對日治時期臺灣的理解。看看日本，想想臺灣，近來學者的研究也逐漸開啟我們對於日治臺灣旅行文化的重新思考。

研究日治臺灣觀光史著稱的日本學者曾山毅曾說：「觀光產業做為一種近代性的裝置被導入臺灣的同時，亦反映出來自宗主國日本的文化影響。」換句話說，日本旅館或料理店的擴展、溫泉的開發、地名的日語讀法及變更、日語書寫的旅遊指南等，在在顯示出殖民地臺灣的觀光產業實為內地延長的側面。至少在日本旅行者的視線中，臺灣的旅遊實況是這樣呈現的。在臺灣所能提供的藝妓表演、日式料理、溫泉浴等，與日本內地並無二致。有意思的現象是，曾山毅還提到一九三〇年代以來，日人與台人工資差距逐漸縮小，台人所得提高影響臺灣社會甚大，有許多消費活動就是花在觀光與休閒娛樂，這從鐵道利用普及化可以看出。可見，即使在台位居統治階層的日本人在觀光產業領域握有主導權，但臺灣在某些地方仍發展出足以與之抗衡的臺灣式旅遊文化（寺廟觀光與「本島式」住宿設施），北投溫泉區的發展就是其中例證。這種全球化與在地化的彼此關係，頗值得繼續關注。

同樣地，台大歷史系教授呂紹理的《展示臺灣：權力、空間與殖民統治的形象表述》（麥田，2011二版）點出了日治臺灣旅行文化發展的結構性因素。他認為旅遊「制度化」正是旅行活動最重要的發展方向與特質。就外在因素而言，生活作息型態改變、星期制時間系統的出現為旅遊活動提供了時間誘因；交通網路的細密化和交通工具的快速提高了旅行活動的效率；殖民政府希望藉由旅遊使人們觀看到殖民統治的進步，這股政治力則成為制度化的重要推力。而內在方面，旅遊機構的誕生、旅館系統的出現，以及旅遊手冊的發行，則為旅行提供更方便的條件。這些都是使得旅行朝向制度化發展的重要因素。

當然，要瞭解作為現代性表徵之一的「觀光時代」，絕非僅靠旅行生活，可能還要多加理解當時的政治文化、城市、日常生活、消費、飲食、醫療、公共衛生，甚至博覽會才有可能。

然而，閱讀《觀光時代》也可以不用像我一樣，以歷史研究者的眼光，放在如此框架下理解，讀者隨意翻開任何一個篇章，都能從中找到許多有趣的旅行史片段。如同富田昭次在書中後記所說：「旅行的樂趣，當然因不同的人，而有不同的體會。」閱讀這本書就好似進行一場近代的歷史之旅。期待哪一天，有像他一樣的作者，能生動地寫出屬於我們自己臺灣的旅行生活史。在此之前若看《觀光時代》還意猶未盡的話，讀者可以參考蘇碩斌教授編的《旅行的視線：近代中國與臺灣的觀光文化》（2012），或許可以從中讀到更多與「觀光時代」有關的故事與論述。

前言

吉田初三郎，被譽為「大正時期的歌川廣重」，❶為繪製鳥瞰圖的名畫家。關於吉田初三郎這號人物，即使雜誌、電視上的美術節目曾經以特集的方式介紹，但就像當地人才熟知的「巷弄裡的名店」一般，並非一位家喻戶曉的大畫家。在此，為了初聞其名的讀者，筆者以人名辭典的記述方式，簡單介紹吉田氏之生平。

吉田初三郎（一八八四—一九五五）：生於京都。自幼便喜歡繪畫，其恩師鹿子木孟郎曾對他說：「在法國，一流的巨匠會在廣告及傳單上創作。你也來開創一條應用藝術之道路，如何？」吉田氏虛心接受恩師的忠告，摸索新的道路。一九一三年（大正二年），他接受委託，繪製京阪電車沿線的觀光名勝地圖。吉田氏以鳥瞰圖的技法繪製，受到當時皇太子（後來的昭和天皇）的大力讚賞：「簡明易懂，又美麗精緻。」其後，初三郎流派的鳥瞰圖正式成形。

初三郎流派的鳥瞰圖形式舉例如下。觀看筆者手邊一九二八年（昭和三年）發行的《日本航線導覽指南》，❷蜿蜒的木曾川，霸氣十足地橫亙在寬七十四公分的紙面上，右上角甚至繪有不在實景現場的富士山及朝鮮半島的釜山。

正如上述，初三郎的鳥瞰圖可說完全以誇張的筆法呈現。特別是當委託人為飯店經營者時，其誇張的傾向更為顯著，將飯店置於圖面正中央，描繪得宛如宮殿一般，左右則繪有北海道及臺灣等。整體的構圖便是將飯店置於日本的中心位置。

筆者初次看見初三郎的鳥瞰圖，是在十幾年前的某個古書市集上。第一印象為：「這是什麼？」如同畫卷一般的橫長畫法，內含許多誇大的部分，充滿著虛擬的氣息，但另一方面，又討人喜歡。正因為有誇大的部分，才讓人不由自主地會心一笑，而且，

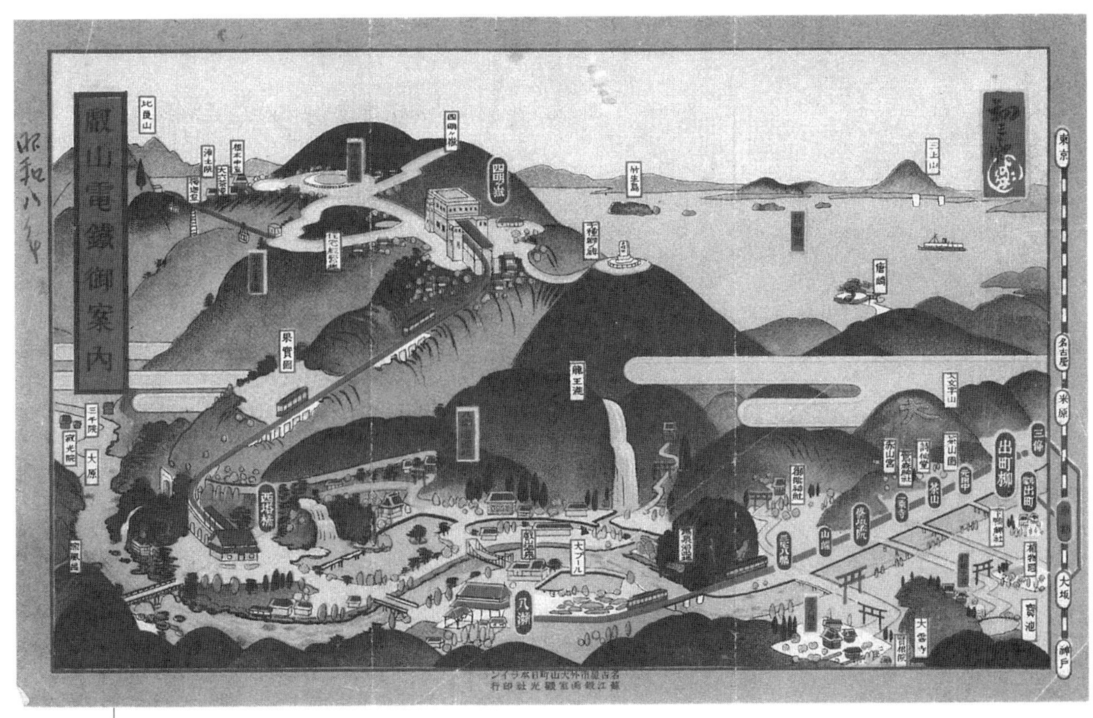

◆ 吉田初三郎的《叡山電鐵導覽指南》（京都電燈、叡山電鐵課，1926）。屬於小型的鳥瞰圖，橫幅 160 公釐，縱幅 95 公釐。據說也有大型的版本。當時正值觀光風潮的興盛時期，吉田氏繪製的鳥瞰圖廣受好評，數量高達 1600 幅以上，甚至得開設工作室，招收弟子，才能生產出如此豐富數量的作品。❸

還讓人覺得：「啊，我想去這個地方。」筆者在研究日本飯店的歷史時，也同時踏上了旅行的歷史、近代的歷史之途。也就在這個時候，遇上了初三郎的鳥瞰圖。

當時，就連我也沒有注意到，在自己關心的領域之內，不知不覺又增加了一條新的道路。使用當代的說法，便是「旅行之平面藝術」。當然，對於相關的資料情報，筆者也十分地感興趣。另一方面，就開始有意識地蒐集具有美麗別緻之圖樣、並能喚起旅情的資料，如手冊、明信片、文宣傳單、小冊子、雜誌、旅行導覽書及遊記等。

本書便是在這樣的契機下，以個人蒐羅的史料為基礎，藉以呈現出近代旅行的樣貌。

❹希望此書能夠讓讀者享受一趟歷史的時光之旅，鳥瞰近代的旅行風俗文化。

◆ 收錄於《鐵道旅行導覽指南》（鐵道省，1924，375 頁）中的初三郎鳥瞰圖。富士山被誇大地描繪。全書共刊載了 130 張鳥瞰圖。

註釋：

❶——譯註：吉田初三郎，浮世繪畫家，歌川豐廣的弟子，以風景畫著名，構圖大膽，用色細緻。其作品也影響了十九世紀後半西方的印象派畫風，為世界知名的畫家。

❷——《日本航線導覽指南》（日本ライン御案內），犬山町役場，1928。

❸——《別冊太陽・吉田初三郎的全景地圖——大正・昭和的鳥瞰圖畫家》，平凡社，2002。

❹——已先於《大塚藥報》（大塚製藥工廠）以及《旅行綜合服務》（トラベル・コンシェルジュ）（MPT BB 出版）雜誌上刊載，後經大幅度的增寫、修改，再編排而成。

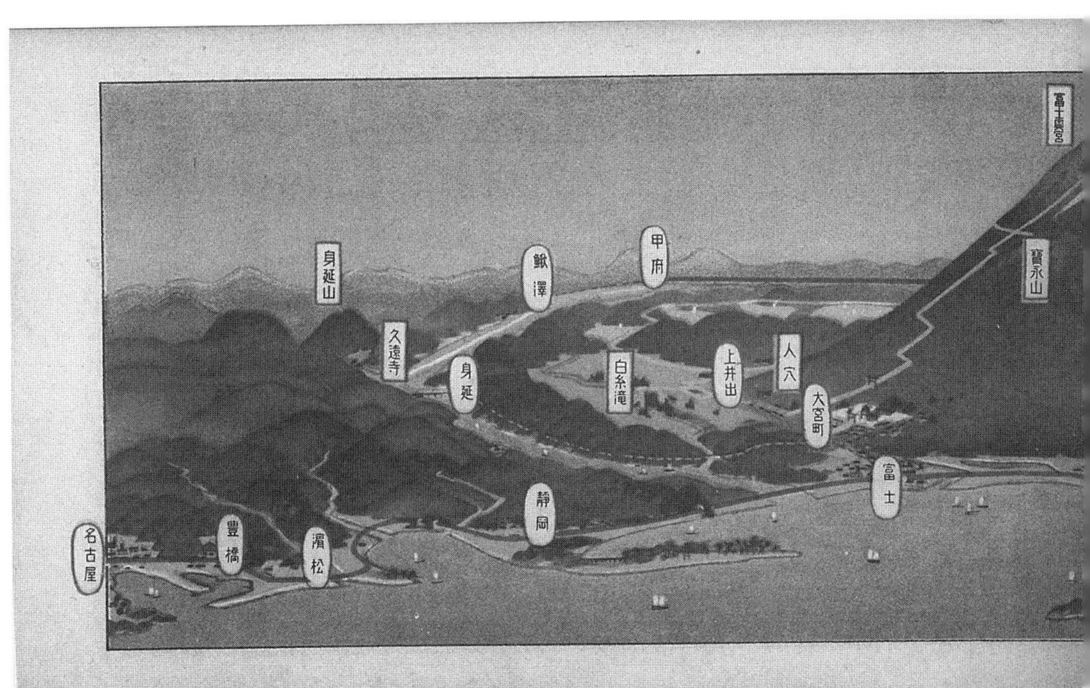

一、

參拜旅客的心聲改變了飯店

明治時代以前，人民被禁止自由旅行。但是據說在江戶時代，則盛行參拜伊勢神宮等「參拜旅行」。其中，令人傷透腦筋的內容之一，便是住宿飯店的選擇。

當時，由於驛站村鎮的發達、賣春女子的增多，旅館的氛圍已不如過往般單純。對此感到憂心的飯店經營者們，便開始著手進行「講」之組織。所謂的「講」，原是村子負責選拔送出村外之參拜人選的組織名稱，後來被廣泛使用，有信譽的飯店同業公會，也被稱為「講」。

「講」的濫觴是一八〇四年（文化元年）創設的浪花講。其後，名稱各式各樣的「講」也應運而生。旅客若在飯店入口看見「講」的招牌，便能安心地卸下行李入住。

「講」之組織一路延續到明治時代，完成任務後便逐漸消失。但到大正時代，能夠讓參拜旅客安心入宿的飯店，在部分地方仍然少之又少，困擾著一般民眾。

◆「講」的加盟飯店名冊。照片為「三都講」與「真誠講」合併後，於1896年發行的名冊，記有加盟飯店之名稱。

聽到這樣的心聲，一位名為小島愛之助的人物開始有所行動。小島氏將日蓮上人的言行錄編為統一的浪花曲，[1]於全國各地巡迴演唱傳教的同時，也向有權勢的寺廟以及善男信女們募集資金，終於在一九二〇年（大正二十年）於京都開設飯店。這也是今日連鎖商業飯店的經營方式，在歷史上留名的法華俱樂部（現今的「法華CLUB」）之源頭。這間飯店以「所有房間為牆壁隔間」、「隨時可沐浴」、「一律謝絕茶水費」等作為宣傳，不久便獲得商人與觀光客的青睞。

顧客永遠是對的

自古以來，飯店的角色在旅行中可謂具有意想不到的重要性，就連在今日，也認為住宿經

◆ 日本旅行協會的服務處。1936年（昭和11年），該社發行的《協會讀本》（日本旅行協會編）提到其所歌頌的服務信念如「顧客至上」、「親切第一主義」等，以及招待方式的項目。認為「以出汗的容貌接待顧客為無禮之行為」，因而鼓勵服務人員時常洗臉。

驗的好壞，將會大大地左右了旅行的印象。因此，越是重視待客之道的經營者與服務人員，越能走上成功一途。在戰前，橫濱的某家飯店內廣受好評的服務人員，其小費收入甚至高出飯店支付給他的薪資。

也曾有外國觀光客，因為感念飯店經理的待客之道，進而對當地產生迷戀之情：

> 特別是都飯店的經理濱口氏，由於他的細心周到，親切又妥善的安排，瞬間加深了我對這座古都的依戀。❷

接著讓我們將眼光轉向國外。生於瑞士，由打雜工一躍成為飯店之王的凱薩・利茲（César Ritz），據說其成功的原因，便是他擅於抓住上流階層女性顧客的心理。因此，一旦成為利茲

◆ 對於不習慣旅行的人來說，在異國能夠住在本國人（日本人）所經營的飯店，是一件多麼值得慶幸的事。照片是位於洛杉磯的都飯店，其日式澡堂的設備為人稱頌。

的顧客，這些女性便不再三心二意地選擇其他飯店。順帶一提，利茲飯店在巴黎開張的年代為一八九八年（明治三十一年）。

生於美國的艾爾沃斯・史戴德勒（Ellsworth Milton Statler）也是從飯店服務人員的基層做起，以日本的年代來說是明治到大正年間，可說是擴張飯店業的革命人物。史戴德勒基於自身的經驗，留下「顧客永遠是對的」之名言，表示「大家的薪水是顧客支付而來的」，提高員工服務顧客的意識，並鞏固常客來源。

一九三六年（昭和十一年）由元裕社出版的《服務讀本》，其作者大塚陽一則表示「服務」一詞已經廣為使用，引用史戴德勒的說法：「飯店員工的生命即為服務。於是，只有提供更多的服務，才能成功。」並於書中寫道：「旅行中予人最深刻的印象，既不是風景，也不是設

◆史戴德勒飯店提供的特別服務內容，以簡明易懂的圖解呈現，如全身鏡、免費報紙等。使用餐廳及寄放衣帽不需要支付小費。服務員會將《史戴德勒服務準則》之小冊子收放在胸前口袋。

備，而是在當地接受到的服務。」強調服務的重要性。

手握經營之舵的人物——女招待

由明治到大正時代，隨著時代的推進，旅行變得更為大眾化，較從前更為普及，對於飯店及其接待狀況的關心程度也逐漸升高。一九二四年（大正十三年）出現一本書名為《細心周到的飯店與粗心散漫的飯店之二十四小時飯店》（神田屋商店），作者是高橋保實。該書的卷末刊載了預定由同一出版社發行的《飯店之研究》一書，也是高橋氏的著作。《細》一書可是出自飯店專家之手。正如書名顯示的一般，將服務細心周到之飯店與服務粗心散漫之飯店的差異，透過住宿的旅客、領班、女招

◆《服務讀本》中有關「跪著走」的解說。「膝行」為打開拉門進入客房時的動作：「雙手放在膝蓋前方，左右手同時往前，而後左右腳的膝蓋再一前一後地向前移動。」

（五二）

待員等對話內容，赤裸裸地呈現出來。

服務粗心散漫的飯店，其狀況如下。顧客向服務人員詢問附近的觀光景點：「○○○好像是十分漂亮的地方，你應該有去過吧？」對此，女招待員一臉無趣又冷淡地回答：「自從來到這

◆刊載於中村美佐雄的《旅館研究》（歐盧旅行社出版部，1942）一書中的書籍廣告。《女招待員讀本》（同為中村氏所著），強調「若要說決定一間飯店好壞的關鍵，其中之一便是與店內女招待員的訓練有關」。

◆刊載於《旅館研究》一書中「謝絕茶水費」標示牌的廣告。長1尺1寸，寬4寸，標示牌背景為上漆之黑色（一塊標示牌2日圓），只要下訂單，便能配送至朝鮮、滿州、庫頁島、臺灣的飯店。

間飯店後，我哪兒都沒有去。……所以我不知道。」如此態度，當然不是合宜的待客之道。

事實上，飯店內的女招待，可謂肩負著業界內十分重要的旗手角色。這一點，可以從一九三五年（昭和十年）出版、由名古屋鐵道局金澤運輸事務所編輯的《服務讀本——飯店女招待用》❸一書得到驗證。此書從女招待的儀容、動作舉止、禮儀、用詞、常識的涵養、精神上的修養，乃至於接待顧客的注意事項，都有了鉅細靡遺的指導與解說。

關於前述所舉的例子（顧客詢問飯店附近的觀光景點導覽），書上則教導女招待員：「請盡可能地利用公休假日的時間，自行前往探勘調查。」

該書的作者也表示：「女招待的服務品質左右著飯店的信用與評價，換言之，經營飯店之

◆ 由名古屋鐵道局金澤運輸事務所編輯的《服務讀本——飯店女招待用》，共98頁，詳細說明了女招待員應有的姿態。

舵，其實掌握在女招待的手中。」飯店的同業，從戰前便開始遵照上述的教戰守則，致力於服務品質的提升。

麻煩的茶水費

即使各家飯店如上述一般，致力於提高服務品質，但是對旅客來說，仍舊存在著令人頭痛的問題——茶水費。最為棘手的，便是茶水費與支付給服務生、女招待的小費不同，是屬於另外計算的項目。戰前，於帝國飯店擔任經理的犬丸徹三有著如下的記述：

旅客住宿時，必須暗中研究飯店的等級、房間的規模、招待、設備以及女招待領班的接待，以決定茶水費的金額。……對於熟悉海外住宿狀況的人來說，不得不說是極為不合理的存在。❹

關於茶水費，《新旅行》雜誌於一九二七年六月號（溫泉之日本社），訪問了約四十位著名人士的意見。其中，於《朝日新聞》負責企劃環遊世界旅行（請參照〈海外旅行〉）的杉村楚人冠表示：「臨機應變，並沒有固定的模式。」另一方面，女子田徑選手人見絹枝則明確地說：「從來沒有支付過。」和歌詩人若山牧水回答：「會支付茶水費，雖然只是聊表一點心意。」且反而是「支付給女招待員的小費較多」。

◆鐵路車票免費宅急便之廣告。1932年（昭和7年）至1941年（昭和16年），日本旅行協會於東京、大阪實施。只要打電話申請車票，便會有騎著腳踏車的配送小弟送來。因為以使用者的印象為第一考量，所以在配送小弟的選用上，特別重視人格及教養。

此外，政治家尾崎行雄則說：「茶水費和小費是旅行中最讓人感到不悅之事，很想廢除如此惡習。……希望是由飯店方面出面表示謝絕之意。」

帳單名目透明化也是服務的一種

據傳茶水費原先是江戶時代便存在的一種制度，但並非每個人都會支付，也有人以金錢以外的物品，達成支付茶水費的目的。然而，不知從何時開始，卻演變成無論招待品質的好壞都必須支出的一項費用。

即便如此，根據尾崎氏的說法，這個時候「已經有不少飯店表明謝絕茶水費」。或許因為競爭的關係，有些飯店將帳單名目透明化，納入服務項目之一。因此，正如先前提到的法華俱樂部，不少飯店甚至將「謝絕茶水費」之標語文字列入介紹手冊中作為宣傳。

將帳單名目透明化的前鋒，當屬日本旅行協會（Japan Tourist Bureau）於一九二五年（大正十四年）開始販賣的優待券。其內容為兩天一夜，附餐，不收取茶水費。如此明快清晰的作法，受到大家的歡迎。《旅行日本》雜誌（東京旅行俱樂部）的一九三四年六月號，刊載過去一年間發行優待券的飯店排行榜，顯示其普及的程度。東部地區的冠軍為修善寺的菊屋，其票券為五千六百八十一日圓；西部地區的冠軍則是富士的素食飯店，為五千六百三十八日圓。

日本旅行協會的事業部還於一九三四年（昭和九年）發行了《優待券飯店導覽》，篇幅為一百二十六頁。範圍不僅限於日本國內，就連庫頁島、朝鮮、滿州以及臺灣的飯店也都囊括在內。

例如，由書中可知，位於臺灣高雄市的春田館附早、晚餐的價格為五日圓，客房有二十四間，可容納四十八人；有西式的馬桶，也有和式的便池；最為繁忙的時期則是十一月至四月期間。該書也刊載了「給飯店主人的建議與期望」之專欄記事，其中提及：「即使在店內設有掌櫃之職也是無可奈何之事，但仍舊希望飯店主人能夠盡可能地親自吩咐所有事情。」顯示由掌櫃吩咐一切的現象，對旅客而言是缺乏人情味的，同時也被列為服務品質的一環。

總之，使帳單名目透明化的優待券，得以讓顧客毫無後顧之憂地享受飯店及旅館的服務。

註釋：

❶— 譯註：浪花曲，日本的說唱藝術，由一人說唱，並以三味弦伴奏。

❷— 賀伯・喬治・博丁（Herbert George Ponting）著，長岡祥三譯，《英國特派員的明治紀行》（英国特派員の明治紀行），新人物往來社，1988。

❸— 《服務讀本——飯店女招待用》（サービス読本——飯店女中用），北陸溫泉協會，1935。

❹— 《與飯店一同走過的七十年》（ホテルと共に七十年），展望社，1964。

改變溫泉療養文化的「一夜溫泉療養」

自現在向前回溯，約在二百多年前，日本溫泉史上出現了重要的裁決。小田原宿及箱根宿的飯店，向江戶的「道中奉行」[1]提出「希望禁止湯本溫泉場的一夜溫泉療養」的訴求，最後被駁回。奉行駁回申訴的理由為：湯本從以前便有一夜溫泉療養，但是並不足以影響到小田原宿及箱根宿，因而允許湯本的一夜溫泉療養。這是發生於一八〇五年（文化二年）的事件。

根據佛教的解釋，以及仿效自古以來藥浴的入浴方式，溫泉療養的療程是以七日為一個單位。七日稱為一輪，十四日稱為二輪，以此類推，以長期停留為主流的療養方式。

然而，當一夜溫泉療養獲得官方的正式承認之後，庶民大眾利用溫泉的方式便開始出現變化。在箱根等溫泉鄉，於參拜神社回程順道體驗一夜溫泉療養的顧客增多，以觀光遊覽為目的之形式也逐漸受到矚目。使用東海道進行「參勤交代」[2]的大

◆石坂洋次郎編著的《東北溫泉風土記》，共125頁，由東北溫泉協會委託，日本旅行協會於1940年（昭和15年）發行。插畫為勝平得之的作品，勝平氏是當時著名的鄉土風俗版畫家。

名行列也不例外。

提到日本，連想到的便是溫泉；說到溫泉，腦中浮現的也是日本。作家石坂洋次郎曾應東北溫泉協會的請求，編輯《東北溫泉風土記》❸一書，並於內容記述道：「在國外，溫泉似乎少之又少。就連我國，也並非北至北海道、南至九州，各個地方都能湧出溫泉。是由於火山眾多，時常遭受地震及火山爆發而留下的恩澤。」

自備米穀的「拿秤兒的」

其實，溫泉並非自古以來便觸手可及的存在。直至江戶時代，庶民們無法自由旅行，除去一小部分的例外，有很長的一段時間，溫泉等於是特權階級的獨佔物。如果想要進行溫泉療養，

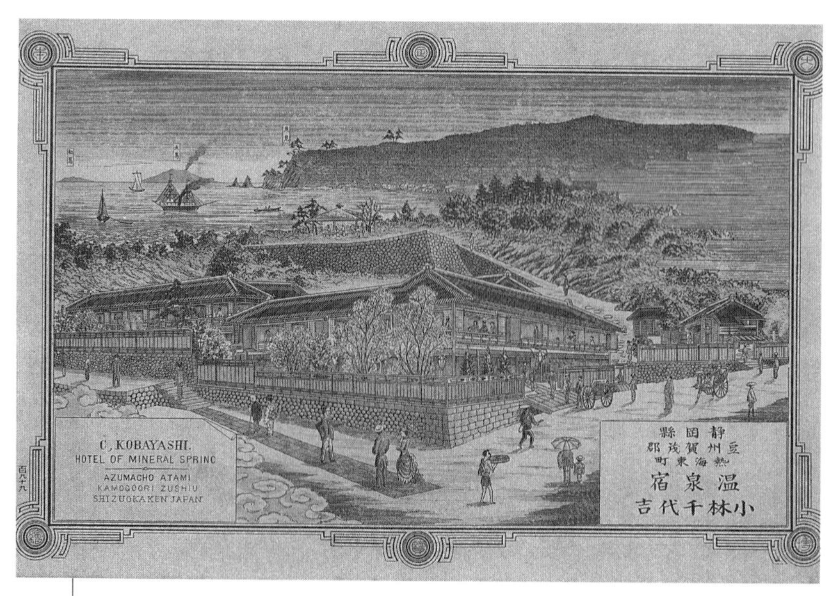

◆ 描繪熱海溫泉飯店的銅版畫，包含大島及初島❹，也繪有穿著西式服裝的人物。銅版畫的全盛時期在明治前半葉，頻繁地使用在溫泉地以及名勝、寺廟神社的宣傳品上。

除了必要的申請手續之外，正如前文所述，長期停留也是最為常見的方式。而一般人能輕鬆隨意地利用溫泉、如此在庶民文化開出花朵的時刻，則是要等到交通網路發達，溫泉鄉增加、擴大的明治後半時期。

舉例來說，一八九七年（明治三十年）一月開始在《讀賣新聞》連載尾崎紅葉的《金色夜叉》，讓「熱海」一地聲名遠播。雖然明治時代以後，政府高官就屢次在熱海進行會談，報紙上可以看到「熱海會議」或「熱海內閣」等文字，不過這篇連載小說卻讓熱海的知名度更上一層樓。

不過，當時小田原至熱海之間還是「人車軌道」（台車軌道），仍屬於交通不便的地帶。所謂人車軌道，正如字面上的意涵，台車由人力推動，上坡時乘客也得下車協助推動，下坡

◆ 城崎溫泉的外湯 ❺、面向王橋的「一之湯」，現已改建。其獨具風格的建築外觀，出自岡田信一郎的事務所，該事務所曾負責東京銀座的歌舞伎座以及舊琵琶湖飯店之建築設計。

時則有翻覆的危險，對使用者而言是十分辛苦的年代。從東京出發的交通狀況獲得改善，大約要等到一九二五年（大正十四年）熱海線全線通車，這時東京到熱海的車程只要約三小時。

除此之外，大眾相繼由都市蜂擁而至，在熱海也能逐漸發現遊客階層隨季節而出現的變化。一月至三月期間，經常映入眼簾的身影是為了避寒而前往熱海的上流階級；一進入四月，則可以看見鄰近鄉鎮的農民，以休養、療養為目的，用扁擔挑著味噌、米、醬油等物品出現在熱海。他們在飯店等住宿處被稱為「拿秤兒的」，住宿旅客可以請他們秤量，購買一天份的米糧。據說「拿秤兒的」即使在微寒的天氣下，也僅穿著一件飯店附的單薄浴衣，面不改色地行走在海邊，因此也有「白鷺鷥」之稱。在同一處溫泉鄉中，因為季節的不同，居然也能觀賞到完全迥異的人物風景。❻

另一方面，位於山邊村落的溫泉鄉，其主要的使用者原是鄰近的農民階層，後來也因為都市居民一窩蜂地湧入，當地的光景便出現了變化。《信濃每日新聞》於一九二二年（大正十一年）對於澀溫泉鄉的描述如下：「近來避暑遊客急速增加，搭乘數輛汽車及馬車前來的，大多是生於都市、長於都市的遊客，以及穿著時下流行的和服外罩與單套和服、搭配淡妝、追求時髦的人士……」

更為顯著的例子，是由於外國人的使用，而吹起的西洋風溫泉鄉。於箱根（距離許多外國人居住的橫濱不遠）、有馬（住在神戶的外國人經常前往）、雲仙（住在長崎的外國人經常前往）三地，誕生了純西洋式的飯店，而日本各地的溫泉鄉，也逐漸成為都市與鄉村文化相互混融的場合。

深受文人雅士們的青睞

在《金色夜叉》連載開始的前兩年，夏目漱石以教師的身分前往愛媛縣松山的一般中學任教。夏目漱石以這段時間的地方體驗為基礎，於一九〇六年（明治三十九年）發表了《少爺》。❼對於松山這塊土地，在風土民情上，夏目漱石雖然因適應不良，並未留下太好的印象，但是道後溫泉則是唯一的例外。著作中，將道後溫泉改稱為住田溫泉，並對其讚譽有加。

若要說到文學與溫泉的蜜月關係，志賀直哉的《在城崎》便是代表作品之一。一九一三年（大正二年），志賀直哉在現實生活中被山手線的電車撞擊而受傷，為了療養，聽取醫生的建議，千里迢迢地造訪城崎溫泉，並在四年後發表上述作品。內容描述昆蟲及小動物的死亡，

◆ 松川二郎在《以療養為主的溫泉導覽》（白揚社，1929）一書中，提出「至今的溫泉導覽介紹都只是溫泉讚美記」，因此針對以療養為目的的讀者書寫溫泉導覽，記述全國主要溫泉鄉的泉質及效能、治癒的實例、設備、經費及缺點等。

雖然與城崎溫泉的風土相差甚巨，但是志賀直哉十分鍾情於此一溫泉鄉及投宿地點三木屋的風趣雅致，其後還接連造訪了十幾回。

然而，懷抱如此情感的，並非只有志賀直哉一人。事實上，城崎溫泉受到許多文人雅士的青睞，其證據便是在今日城崎溫泉的街道上，可以看見二十座以上的文學碑帖。與志賀直哉同屬白樺派的和歌詩人木下利玄，形容城崎溫泉的街道「讓人聯想到舞台戲劇的布景」，而或許就是這個原因，此溫泉特別符合文人雅士們的胃口。

姑且不論著名文人墨客於作品中提及的各處溫泉鄉之景致，為溫泉鄉作足了宣傳工作。在一九一八年（大正七年）田山花袋的《溫泉巡禮》❽以及一九二〇年（大正九年）由鐵道省編輯、發行的《溫泉導覽》之後，有關溫泉導覽

◆《溫泉》1923年6月號（日本溫泉協會），記載著「不畏蕭條景氣的溫海與溫泉經營模式」，其讓住宿旅客得以自炊的「公寓式經營」大受好評。

介紹的書籍便逐漸增多。此外，溫泉鄉也並非只有癡心地盼望文人來訪，由地方主動出擊，請求文人雅士為當地撰寫旅行小記的手法也應運而生。

先前提及的《東北溫泉風土記》便是其中一例。讓我們再舉一個例子——以長野縣淺間溫泉為主題的《淺間》。[9]在其一九二五年（大正十四年）發行的內容中，收錄了德田秋聲、若山牧水、田山花袋、島崎藤村等人的稿件。例如田山氏以「在清澈透明的溫泉中，浮映出美麗動人的妹妹，晶亮柔潤的秀髮」之字詞，歌詠淺間溫泉泉質透明無味的特色，挑動著讀者蠢蠢欲動的旅情。

話說回來，近代的文人雅士們都深愛著溫泉鄉，前文所舉之例只是其中一小部分。溫泉鄉的風景栩栩如生地化為文字出版，在大眾的腦

◆《淺間》（淺間編纂部，1925）。若山牧水寫道：「倚著欄杆，放眼遠眺，日本阿爾卑斯山碩大高潔的美景一覽無遺，同時還能享受入浴、小酌及小憩片刻的地方，非淺間溫泉莫屬。」

海中幻化、膨脹出的形象，令人心嚮往之。

致力於宣傳別府的熊八

溫泉鄉的情報以活字印刷的方式廣為流傳，以現今的說法，可說是最好的廣告宣傳手法。另一方面，也有飯店業者親自出馬，進行宣傳、廣告活動的例子。下呂溫泉的水明館於一九三二年（昭和七年）開業初始，便在汽車上掛著宣傳布條，來回行駛於名古屋及大阪地區。於當時，應該是十分稀罕的光景。[10]

若要說到宣傳之王，當屬油屋熊八這號人物。熊八在大阪時曾因投資致富，但由於甲午戰爭後的經濟波動，落至身無分文的下場，並前往美國等地流浪，回國後落腳於別府。一九二四年（大正十三年），熊八於當地開設了西式的龜井飯店。

熊八之所以受人景仰，在於他並不單純地把自己定位在一間飯店經營者上。他不斷地宣傳別府溫泉，希望能吸引全國各地的遊客來到九州。在富士山山麓之處，大看板上頭寫著：「說到山當然就想到富士山，說到海當然就想到瀨戶內海，說到溫泉當然就想到別府溫泉。」一出席洛杉磯舉辦的世界飯店業者大會時，熊八穿著染有「日本別府溫泉」英文字樣的背心，昂首闊步於街道之中。熊八甚至還因為自己擁有一雙大手，主辦了「全國大手掌大會」如此奇妙的活動。

◆草津溫泉的著名景觀——翻攪的時間湯。所謂的時間湯，為草津獨特的入浴方式，入浴者聽從「湯長」的號令，在翻攪溫泉之後，一同入浴。

◆別府溫泉的名產——海岸沙浴。圖片後方可以看見大阪商船所經營、航行於阪神至別府之間的客船。於 1912 年（明治 45 年）開航，1923 年（大正 12 年）開始經營每日航班。因此，別府溫泉來自關西方面的遊客數量急速增加。

為了讓別府聲名遠播，熊八可謂無所不用其極。

據說最先採用女車掌的人便是熊八。一九二七年（昭和二年），熊八買進四台當時日本最大型、可容納二十五人的巴士，為別府溫泉的地獄巡禮⑪之用，並採用女性車掌。

女車掌的年齡大多在十六至十九歲之間，身著水手服及流行帽子的摩登裝扮，以甜美的聲音進行導覽介紹：「這裡是著名的流川、有情的溫泉鄉、貫穿東西的大道。」偶爾也會高歌：「地獄巡禮在龜井巴士／上車便能看見少女車掌的嫣然笑臉。」如此行銷手法，很難不受到矚目與歡迎。據說也有女車掌因此嫁入好人家，建立幸福美滿的家庭。

藉廣島縣吳市土木建築業者松本勝太郎之手，計畫於別府開設九州第一的遊樂園——「鶴見園」時，足智多謀的熊八甚至以寶塚為參考範

◆ 金澤郊外的湯涌溫泉白雲樓飯店的舞廳。1936 年（昭和 11 年）完工，順應當時流行的跳舞風氣，溫泉飯店也設有舞廳。

◆《地獄巡禮》（龜井汽車員工互助會，1928）。此圖為兩年後再版的改訂版本。該汽車工會的司機也以「認真的紳士」為最高目標。

本，提出仿效寶塚歌劇、演出少女歌劇的提案，讓遊樂園人氣大增。這項提案也將寶塚歌劇的發源地——寶塚地區之溫泉鄉，成功地塑造為一大觀光勝地。不過這項成功背後的主要助力，則要歸功於小林一三的運籌帷幄。小林一三可以說是比熊八更有智謀的人物。

曾任箕面有馬電軌（後來的阪急電鐵）專務董事的小林一三，於一九一一年（明治四十四年）開設寶塚新溫泉，作為經營事業的一環。雖然一開始只是為了吸引乘客搭乘鐵路，卻成功塑造了寶塚新溫泉的形象，成為可以從大阪攜家帶眷、輕鬆隨意享受一日溫泉行程的地點。除此之外，小林氏也舉辦博覽會活動以及增設各式各樣的設施，最後在一九一四年（大正三年）以少女歌劇等前所未有的形式，為溫泉鄉增添了魅力與娛樂。至此，完全屬於大眾取向的一大溫泉遊樂園正式完成。

溫泉鄉有著「霧氣蒸騰之里」等稱呼，不斷積累著恬靜閒適的休養聖地文化，而另一方面，寶塚新溫泉的出現，也象徵著日本人正野心勃勃地將作為新興娛樂的溫泉，拉進觸手可及的範圍之內。

註釋：

❶—譯註：道中奉行，江戶幕府時的職稱，負責管理五街道（當時五條交通要道）及其附屬街道的道路、橋梁、旅館等所有事物。

❷—譯註：參勤交代，江戶時代，各藩的大名需要前往江戶替幕府將軍執行政務一段時間，再返回自己的領地執行政務，目的是削弱大名財力，防止謀反。

❸—石坂洋次郎編，《東北溫泉風土記》，日本旅行協會，1940。

❹—譯註：大島及初島為熱海的地名。

❺—譯註：外湯，單純泡湯之處，非飯店。

❻—熱海市役所編，《熱海》，熱海市役所，1953。

❼—譯註：《坊ちゃん》，亦有譯名為「哥們」。

❽—田中花袋，《溫泉巡禮》（温泉めぐり），博文館，1918。

❾—宮入鳴雄編，《淺間》（あさま），淺間編纂部，1925。

❿—荒川晃，《與下呂溫泉一同》（下呂温泉とともに），水明館，1979。

⓫—譯註：地獄巡禮，自古以來，鐵輪、別府一帶便因為噴出熱氣、熱泥、溫泉等，讓人們無法接近且心存畏懼，因此有「地獄」之稱。現今別府溫泉的海地獄、血池地獄、龍卷地獄與白池地獄四個地方，被指定為國家名勝。

三、

禁止男女共浴

一八八五年（明治十八年）八月，於神奈川縣大磯地區開設的海水浴場，成為日本最早設立的海水浴場之一。兩年後，東海道線開通至國府津地區，並設立了大磯車站，交通便利度增高，大磯海水浴場成為男女老幼混合共浴的場所。為此，神奈川縣甚至於翌年開始禁止男女共浴，可見海水浴的人氣急速上升。

不過，海水浴休閒活動的開端更早，過去在各地便可以看到小規模的海水浴場。雖然不及大磯有名，但在一八八四年（明治十七年），《橫濱每日新聞》就刊登有橫濱富岡養生海水浴場開業的廣告。再向前追溯，最早的例子還可以看見來日本的外國人獨自享受海水浴的身影。

一八六五年（慶應元年），於橫濱發行的《日本先驅報》❶上，刊載著一則廣告，大意為巴黎碼頭的海面上設有海水浴專用的小船。❷

・◆◆◆季節に因む名勝◆◆◆（其八）逗子海濱の夏

逗子は右に鎌倉、左に葉山を控へ近年頓に繁榮を來した海水浴場である。橫須賀線の鐵道驛から同町新宿海岸までは僅かに十一二町、海の眺めも惡くはない。故人德富蘆花氏は極めて此處を愛し、その著『自然と人生』に出て來る逗子や、有名なる小說『不如歸』に描かれた逗子は共に懷しみのある海岸である。附近にはその小說に依て一つの名所となつた浪子不動、卽ちもとの名浪切不動や田越川、柳作山の巓にある六代御前の墓、葉山へ行く途中の鐙摺の切通にある日蔭の茶屋などいづれも人口に膾炙してゐる。數年前より夏に至れば此の海岸に『海の家』といふを設へ、海水浴客の便を圖るので、盛夏の頃の海の賑ひは目まぐるしいばかりである。

◆〈逗子海濱之夏〉，刊載於《歷史照片》雜誌1931年8月號（歷史寫真會）。「逗子海水浴場的地理位置右臨鎌倉，左接葉山，近年來漸趨繁盛。」

法國東洋學者兼藝術收藏家艾米爾・吉美（Émile Étienne Guimet）曾留下有趣的資料，關於他在一八七六年（明治九年）於湘南的片瀨海邊游泳之事：「我的身體隨著海浪漂游。突然，我感覺到身體被螫刺、被捏擰、被燒灼的感覺。」原來吉美被僧帽水母刺傷。「想來，就是因為會遇上這麼危險的狀況，所以日本人才不在海裡游泳吧。」❸

先不論原因是否為僧帽水母，至江戶時代為止，日本人除了浸泡含有鹽分的溫水進行療養以外，並沒有以遊玩為目的而到海邊游泳的習慣。而且，致力於設置大磯海水浴場的原因，其實是松本順（第一代陸軍軍醫總監）注意到海水浴在醫學上的效能，在探尋合適地點時抵達了大磯。換言之，日本的海水浴場最初並非以休閒娛樂為目的。大磯海水浴場開設後翌年，

◆東京芝浦的景色，刊載於《風俗畫報》第244號（東陽堂，1902）。在蒸汽火車行駛的軌道旁，可以看見芝浦海水浴（溫泉及飯店）、芝浦館（礦泉浴場及料理店）、見晴亭（日本料理店）等營業之景。

松本氏出版了《海水浴法概說》（杏陰書屋），宣傳海水能有效增強皮膚的功能。

實際上，在一八八〇年（明治十三年），為了治療大阪鎮台（為守護地方而駐留的軍隊）兵士們的腳氣病，便讓他們在神戶的明石海岸邊體驗海水浴。❹

鹽浴文化也受到影響

另一方面，被稱為日本近代醫學之父的埃爾溫・貝爾茲（Erwin Bälz）博士，則在得知日本某官員打算設置海水浴場的計畫之後，於一八七九年（明治十二年）前往江之島以及七里濱視察。翌年，將鍋島侯爵的兩位兒子送往片瀨進行海水浴。❺

此外，「海水浴」這個詞彙，於松本氏出版

◆ 1912 年（大正元年）於堺的大濱之處開幕的大濱潮湯（鹽泉）。餐廳及遊藝場等設備齊全，舞台上也上演著戲劇表演等餘興節目。

著作的五年前，也就是一八八一年（明治十四年）出版的《內務省衛生局雜誌》第三十四號中便已正式登場。❻

此時，醫療上對於海水浴的關心程度正急速升高。儘管如此，前文提及的鹽浴療養，亦即將海水加熱後浸泡入浴，還是日本自古以來便存在的方法，這也是不容忽視的。

鹽浴療養自江戶時代開始施行，而活用這段歷史開發海水溫浴的設施，於一八八二年（明治十五年）才在愛知縣大野地方的千鳥濱海岸誕生，由愛知醫院院長後藤新平（其後任滿鐵總裁及東京市長等職務）所創設。後藤氏也在同年完成《海水功用論——附海濱療法》（春曦書樓）一書。

在此將時代稍微向後推移，一九〇二年（明治三十五年）在茨城縣發行的《常陽平磯町鹽

◆ 位於千葉縣館山的海岸飯店，男性顧客在露臺自在休息。白鞋搭配白色西裝的裝扮，看起來十分涼爽。

浴場全圖》（佐藤勝一發行）銅版畫中，繪有二十五間飯店，可見這個時期的鹽浴風潮也十分地興盛。

除此之外，在內務省衛生局長長與專齋的推動下，一八八七年（明治二十年）於鎌倉的由比之濱，開設了鎌倉海濱院。鎌倉海濱院會利用海水治療，屬於西洋風格的醫療設施，為了讓患者在院內居留，備有三十個房間。

然而好景不常，由於院內嚴格的療法以及高額的費用，開業兩年便關門大吉。而後，鎌倉海濱院以飯店的形式重新開幕，營業成績才漸入佳境，甚至有「湘南的帝國飯店」之美稱。據說連香港一帶的外國人也前來造訪，帶來了新款式的泳裝以及海灘遮陽傘。

◆ 鎌倉海濱院轉型經營，於是鎌倉海濱飯店正式誕生（當時稱為鎌倉海濱院飯店）。其位置在由比之濱地區、廣達 1 萬坪的松樹林內。

海事思想養成為當務之急

若要舉出觀光娛樂以外的例子，便是學習院的游泳訓練。當時的游泳訓練在隅田川下游的兩國地方一帶，但卻引起水質等問題，一八九一年（明治二十四年）以後，便將訓練場地移至神奈川縣的片瀨海岸。當年是讓學生寄宿在附近的寺廟之中，以進行訓練活動。如此的訓練活動，在乃木希典於一九〇七年（明治四十年）就任學習院院長後仍舊持續進行。乃木氏將游泳視為精神修養的一環，在他就任院長的前一年，於關西地區的《大阪每日新聞》六月十五日的報紙上，登出如下宣言：

我們大阪這塊土地，雖然靠海，卻沒有與大海親近的機構。……海事思想的養成為當務之急，這是為了國民，特別是為了青少年的男女們，讓他們能夠「知海」而後「親海」。因此，本公司決定特開新例，利用今年的夏季，讓大多數的男女能夠到平民海泳練習所以及海水浴場觀光遊玩。❼

「海事思想的養成」，其背後也包含了日俄戰爭氛圍下的思維方式。位於堺的濱寺就設有海水浴場，練習所是濱寺水練學校。濱水（ハマスイ，hamasui）之略稱予人親近之感，也因為高舉著完全個人指導、安全第一主義的旗幟，以及宣稱「三天便能學會游泳」的效果而廣受好評，就連關東及九州地區也有學生前來表示希望能夠入學。據說前來視察的海軍們，看見少女們一躍入海的身影，無不露出驚訝之情。

伴隨鐵路網的擴大

推行海水浴的動機愈發廣泛的同時，明治中期以後，海水浴屬於夏天休閒活動之觀念也愈加普及。一八八九年（明治二十二年），由於橫須賀線的通車，湘南地區海水浴場的交通網也愈趨便利。據說，當時的富裕之家會在七至八月期間，在當地租借房屋以便避暑。

此外，隨著梅田至三宮之間阪神電鐵的開通，一九〇五年（明治三十八年），大阪至神戶間

◆濱寺海水浴場，同處設有濱寺水練學校。「濱水」讓許多旱鴨子學會游泳。跳板以「跳水板」之名稱表現。

的海岸——打出地方——也開設了海水浴場。可以說是交通網路的發達促進了海濱觀光的發展。

關東地區的房總半島，與湘南一帶相較，鐵路網的整備速度較遲，房總線（現在的內房線與

◆ 介紹手冊《若越的海水浴導覽》（名古屋鐵道局，發行年不詳）。例如，關於若狹歌高濱地區：「每年在東更衣室附近，會有在林間搭建的帳篷村。」關於杉津地區則寫道：「租借民宿 1 天的價錢約 70 錢。」

◆ 東京鐵道局於 1929 年（昭和 4 年）發行的介紹手冊《海水浴——房總常磐一帶》。主要介紹房總 36 處、常磐 10 處的海水浴場。除了飯店以外，也記載了房屋租借的間數以及每疊❽的租借金額。

外房線）的開通時間約是大正時期至昭和初期，其後海水浴場的數量也才隨之急速增長。

在此背景下，同業的競爭對手增加，海水浴場的業者為了招攬遊客，推出了各式各樣、五花八門的企畫方案，例如開辦煙火大會、相撲大賽、變裝遊行、帆船競賽等活動。海濱度假村的觀光文化呈現百花齊放的繽紛姿態。

註釋：

❶—譯註：《日本先驅報》（*The Japan Herald*）。

❷—橫濱開港資料館、橫濱開港資料普及協會編，《橫濱事情之源流考察》（橫濱もののはじめ考），橫濱開港資料普及協會，1988。

❸—艾米爾・吉美著，青木啓輔譯，《一八七六你好神奈川——法國人看明治初期的神奈川》（1876ボンジュールかながわ——フランス人の見た明治初期の神奈川），有隣堂，1977。

❹—藤澤市觀光協會、江之島海水浴場開設一百周年紀念行事執行委員會編，《江之島海水浴場——開設一百周年紀念誌》（江ノ島海水浴場——開設１００周年記念誌），藤澤市觀光協會、江之島海水浴場開設一百周年紀念行事執行委員會，1986。

❺—托克・貝爾茲編，菅沼竜太郎譯，《貝爾茲的日記》（ベルツの日記），岩波文庫，岩波書店，1979。

❻—小口千明，〈日本對於海水浴的接納以及明治時期的海水浴〉（日本における海水浴の受容と明治期の海水浴），收錄於人文地理學會編，《人文地理》第三十七卷第三號，人文地理學會，1985。

❼—每日新聞社編，《大阪百年》，每日新聞社，1968。

❽—譯註：疊，日本房屋大小的計算單位，「一疊」為一塊榻榻米之大小。

四、

高爾夫球度假村

由雜談誕生的高爾夫球場

時間來到了迎接二十世紀的前夕。神戶六甲山的山莊上，有數位英國人正在閒聊談笑，不久便有人提起高爾夫球的話題：

「在日本不能打高爾夫球呀。」

「就算是小型的高爾夫球場也好啊。」

「那麼我們來造一個高爾夫球場吧。」

在這則雜談裡，亞瑟・古路（Arthur Hesketh Groom）也參與其中。亞瑟・古路在幕府末期來到日本，從事茶葉的進出口貿易而致富，並於六甲山建立第一座別墅。此外，他也是號稱神戶第一的東方飯店之經營者，希望能對神戶的發展貢獻心力，熱心地致力於六甲山的開發。因此，亞瑟・古路便思考著，在當地建造一座高爾夫球場如何？

建造高爾夫球場，必須開山闢地，是一件極為費事的大工程。不過，若先從小規模開始，負擔也會降低許多。因此，在一九〇一年（明治三十四年）、二十世紀之布幕初揭之時，日本第一座高爾夫球場（只有四個球洞的規模）正式開張營業。

三年後，球場拓展至十八個球洞的規模，同時也是神戶高爾夫球俱樂部成立的翌年。儘管如此，這個時候瞭解高爾夫球的庶民仍然少之又少。一九三〇年（昭和五年）發行、西村貫一的大作《日本的高爾夫球史》❶中，記述了當時庶民的聲音：

> 西洋人們對一種不明所以的遊戲著了迷，不分晴雨寒暑地十分熱衷。由此看來，這絕對是項能夠賺錢的遊戲，想必其中也有賭博之類的成分存在吧。

◆ 誕生於神戶六甲山的神戶高爾夫球俱樂部。開球典禮上，縣首長以及市長皆列席參加。1905 年（明治 38 年），首次舉行婦女的高爾夫球競賽。

（八四）

雲上世界的高爾夫球場

雖然將神聖的運動與賭博牽扯在一起的思慮實在有欠周全，但若從當時日本民眾的生活水準來看，也算是合情合理。高爾夫球運動的發源地為歐洲，光是這一點，對一般大眾而言便是遙不可及的雲上世界。

神戶高爾夫球俱樂部最初的會員數約一百三十人，其中只有七位是日本人。在六甲山之後，一九〇四年（明治三十七年）完工的兵庫縣橫屋（現今的神戶市東灘區）高爾夫球場（規模為六個球洞），以及一九〇六年（明治三十九年）出現於橫濱根岸賽馬場內的高爾夫球場（規模為九個球洞），兩處皆可說是為了外國人建造的設施。

一九一三年（大正二年），長崎縣的雲仙高

◆為了讚頌亞瑟・古路的功績，於1912年（明治45年）設立「六甲山開祖之碑」，但於大平洋戰爭時被擊碎。戰後，其家屬反對紀念碑的再建，因此只刻上「六甲山之碑」之文字。圖片左側可以看見登山的轎子。

爾夫球場正式完工、營業，為日本首座公開的高爾夫球場。❷以溫泉地聞名的雲仙地區，在明治時期後，為了接待住在長崎的外國人以及從香港、上海來訪的外國旅客，西式飯店接連開業。長崎縣政府當局在雲仙成為縣營公園之後，希望能進一步地吸引觀光客前來，因此計畫設置高爾夫球場。不過，以公共設施的形式開設高爾夫球場這一構思，則出自倉場富三郎這一號人物。富三郎的父親正是明治時期的著名商人托馬士・格列佛（Thomas Blake Glover）。

富三郎是格列佛與日本女子育有的子嗣，長大成人後，成為外國人與日本人之間的溝通橋梁，致力於交流活動，例如在長崎市內創設英國紳士風的男仕專屬俱樂部、內外俱樂部等。在雲仙設立高爾夫球場的計畫成立時，富三郎也為此奔走，讓球場成為外國人與日本人能夠

◆ 1913 年（大正 2 年），由長崎縣經營的雲仙高爾夫球場，為首座開放給大眾使用的高爾夫球場，規模為 9 個球洞。除了 1 日券以外，也販賣供長期居住之旅客的 7 日券及 14 日券。照片內可以看見從事球童工作的小孩。

自在交流的公開場所。

高爾夫球度假村的誕生

此外，雲仙高爾夫球場與過往高爾夫球場的不同之處，在於某種意義上，帶有宣告新時代到來的象徵。雲仙高爾夫球場是第一個讓使用者在附近的飯店住宿、將高爾夫球作為度假生活的一環而能盡情享受樂趣的地方。

前文提及的六甲山，經由亞瑟・古路的開發，成為別墅林立的地帶。因此，若非別墅的屋主、受屋主邀請的友人，或住宿於神戶市街上飯店的客人，就無法在住宿的同時，享受到高爾夫球的樂趣。在這層意義上，將高爾夫球場與飯店兩者的距離縮減至最短，雲仙可以說是領頭先驅。

◆ 於 1920 年（大正 9 年）開業的輕井澤高爾夫球俱樂部，其附設的輕井澤公園小屋。介紹手冊上記載著：「雖然高爾夫球俱樂部為會員制，但住宿於本公園小屋的旅客，本店將讓您圖個方便。」❸ 該俱樂部的土地，為貿易商野澤組的野澤源次郎所提供。

事實上，隨著時代的推進，英國及美國（盛行高爾夫球運動的主要國家）也逐漸在高爾夫球場的鄰近地區建造飯店，增加都市居民在住宿的同時，也能享受高爾夫球樂趣的機會。

這項高爾夫球度假村的概念，在日本則以雲仙為首，漸漸地擴展開來。

一九一七年（大正六年），箱根的仙石高爾夫球場開始營業。這個球場的出現，始於富士屋飯店的經營者山口正造之慧眼卓見。山口氏得知歐美的一流飯店也兼設高爾夫球場，因此認為富士屋飯店也應該跟進。在仙石高爾夫球場內，可以看見少年球童活躍的身影：

> 昭和六年至七年時，仙石球童會員六十名，皆由同村小學校尋常科五年級[4]以上，以及高等科[5]的男童組織而成。經過小學校校長以及富士屋飯店球童主任的紳士級訓練，球童們個個行儀端正、有口皆碑……[6]

從前，球童就是十歲左右的少年們從事的工作。而且，球童的語源之一「Cawdi」指的便是擔任跑腿、雜務工作的少年，由此看來，也可謂與原來的語義相近。姑且不論上述的解釋，讓小學生們出來擔任球童究竟有何原因？

當時，村民們的生活貧苦，為了賺取現金收入，便讓小學生成為球童。根據《話昔日箱根》的敘述，學校與村內的活動，都為了讓小孩們能以球童工作為第一優先，特地將活動日程避開

◆ 寶塚高爾夫球俱樂部。阪急的小林一三表示：「寶塚不是高爾夫球場，是練習場。也許有人會說，阪急拿這種東西來做宣傳募集會員，簡直就是詐欺……真是讓人生氣，不如就蓋出一個不輸那個俱樂部的球場來吧。」之後，便具體地規劃出擴張為 18 個球洞的計畫。

◆寶塚飯店的宣傳介紹手冊。除了陽台、餐廳及寶塚大劇場，也介紹了高爾夫球場。

週日。儘管如此，有時就算是上課時間，也有學生在老師的許可下，出外從事球童工作。不過，放棄課業畢竟不是很好的現象，球童的工作不久便宣告終止。

高爾夫球之熱潮高漲

那麼，在大正時期，究竟有哪些日本人享受著高爾夫球的樂趣呢？一九一九年（大正八年）十二月二十日的《東京朝日新聞》中，刊載著題為〈盛大的高爾夫球熱潮〉之記事，以現代文簡略敘述如下：

日本高爾夫球界的進步程度可說是日新月異。除了技術方面，在會員的人數上也有所成長。以最近剛從美國回來的山脇正治為首，德川慶

◆川奈飯店與大島路線的二號草皮。照片（介紹手冊）為貝斯掌勒經理鏡。

久公爵、德川賴倫侯爵以及長與博士等也都成為東京高爾夫球俱樂部的新會員。井上準之助等人也在百忙之中，穿著大禮服抽空前來。也歡迎婦女團體，將來也希望能邀請親王殿下前來。

作者為大谷光明，為日本高爾夫球界的大前輩，也是後文即將提到的川奈大島球場的設計者。在高爾夫球熱潮高漲的背景下誕生的球場，便是寶塚高爾夫球俱樂部。

大正時期後半葉，前往寶塚的交通十分便利，從大阪及神戶搭乘電車出發只需三十分鐘便能抵達，而其大型劇場及遊樂園等熱門觀光景點，也為寶塚帶來莫大的人氣。當地的有志者為了進一步發展寶塚，更出資出力，讓寶塚飯店於一九二六年（大正十五年）正式開張。

寶塚飯店開業後不久，組織了地區居民為主的社交團體「寶塚俱樂部」，並將本部設置在飯店內部，從圍棋、象棋等室內娛樂，至網球場、射箭場等運動設施都妥善完備，一應俱全。由於俱樂部之會員得以自由地使用這些設備，會員人數很快地增加到三百人以上。過程中，也曾考慮高爾夫球場的建設。同年（一九二六年），俱樂部便獨自開始推動球場的建設活動。

關於建設的經過，《寶塚高爾夫球俱樂部四十年史》❼一書中有敘述如下：

南氏於南美進行周遊視察之後，認為可以將高爾夫球作為寶塚俱樂部的戶外遊戲之一，因而著手設置。

南氏為阪急電鐵方面的飯店負責人，全名為南喜三郎。南氏曾邀請頭號職業高爾夫球選手服井覺治參與設計，打造出三球洞規模的球場。「入會費低廉，只需三十日圓，❽極具吸引力的價格，導致入會者蜂擁而至。」

雖說寶塚高爾夫球俱樂部是由練習場的規模出發，但後來則逐漸擴大規模，成為高爾夫球大眾化之領頭者。

世界性高爾夫球度假村的登場

隨著時代從大正推移至昭和時期，登場的高爾夫球俱樂部，不只是帶領高爾夫球邁向大眾化之先驅組織，更象徵著日本的高爾夫球文化，已經由發展的黎明期，向前跨進了一大步。除

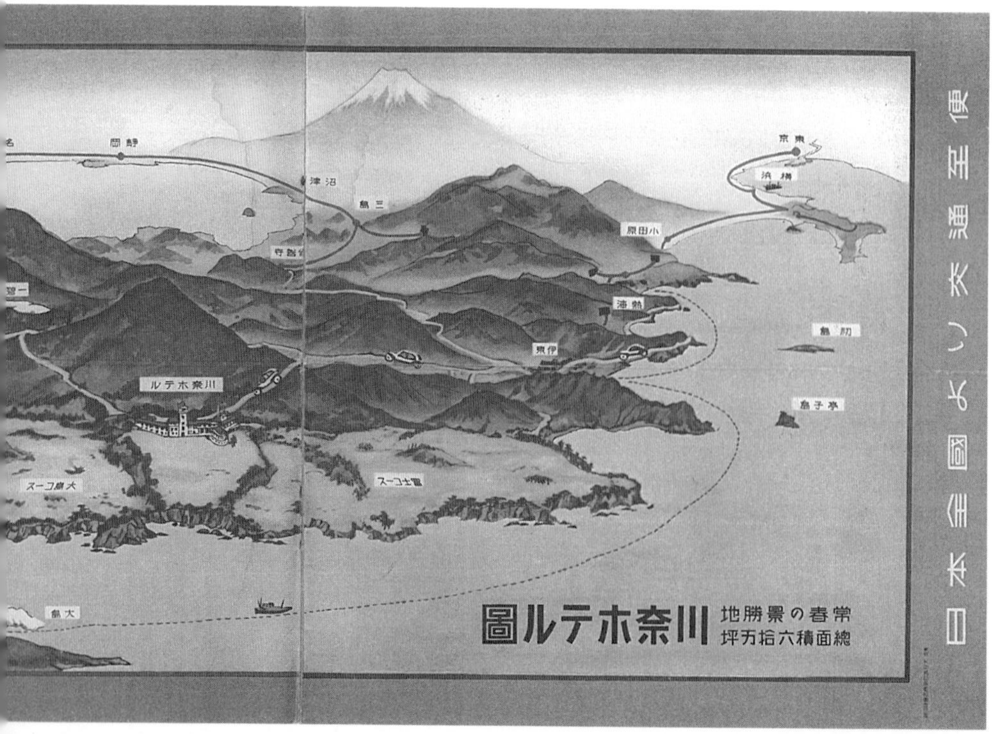
日本全國より交通至便
川奈ホテル圖
常春の景勝地
總面積六拾万坪
東京
横浜
小田原
熱海
伊東
初島
三島
沼津
静岡
修善寺
川奈ホテル
富士コース
大島コース
大島

此之外，在昭和時代初期，高爾夫球度假村也終於在歷史上登場——川奈飯店及其高爾夫球場（在今日還是世界公認的高爾夫球度假村）。

然而，其高爾夫球度假村誕生的背後，隱藏著一段不為人知、甚至可說是弄假成真的軼事。

大倉喜七郎，為大倉財閥的第二代，年輕時曾在英國生活了約十年。回國十幾年後，回想起過去在英國的生活，便在川奈買下一塊土地，打算開闢一座富有田園風景的牧場。

不久，卻發現川奈的土地以熔岩為主，上層土質稀薄，並不適合開闢為牧場。為此，開發土地的負責人則建議：「我認為可以開發為高爾夫球場，如何？」[9]

於是一九二八年（昭和三年），由大谷光明所設計的大島球場誕生了。此時喜七郎的心中，則又萌生了開展一項新興事業的嫩芽。這一次，

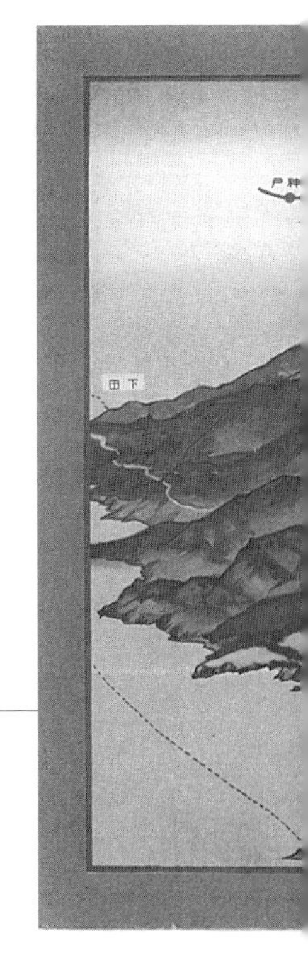

◆川奈飯店，總面積 60 萬坪，備有大島路線（規模 18 個球洞）以及富士路線（規模 18 個球洞）的高爾夫球場。當靜岡縣打算徵收高爾夫球稅時，喜七郎憤怒地道：「要向健全的運動場所，以及國際性的社交場所徵收稅金，究竟有何道理？」據說曾因此暫時關閉。

他想要在能夠眺望富士山的地方建造一座球場，邀請英國名設計師查爾斯・艾利森（Charles Hugh Alison）負責，自己同時也著手建設飯店。川奈飯店最初以俱樂部集會所的形式，於一九二八年（昭和三年）開始營業，八年後則正式開張，也就是我們現在看到的建築物。翌年，富士球場完工，成果無可挑剔，飯店也與高爾夫球度假村的形象十分相符。飯店的設計由高橋貞太郎負責，屬於英式風格，內部的裝飾莊重沉穩，外觀則以西班牙式的輕快活潑風格作為統合。

飯店的負責人由瑞士人盧迪・貝斯勒擔任，這是由於看中他在帝國飯店的成績。在外國人與日本富裕階層使用的高爾夫球度假村中，盧迪能夠充分發揮他精通的英、法、德三國語言能力，在接待的層面上，可謂達到了國際的水準。大倉喜七郎由帝國飯店開始，親自參與了許多飯店的經營與計畫，以「飯店之王」活耀於業界，其「Baron」（男爵）之稱當之無愧。

註釋：

❶—西村貫一，《日本的高爾夫球史》（日本のゴルフ史），文友堂，1930。

❷—譯註：非會員制。

❸—譯註：得以使用高爾夫球俱樂部之意。

❹—譯註：等同於現今的小學。

❺—譯註：等同於現今的國中。

❻—勝俣孝正等，《話昔日箱根》（はこね昔がたり），神奈新書，神奈川新聞社，1986。

❼—《寶塚高爾夫球俱樂部四十年史》（宝塚ゴルフ倶楽部４０年史），寶塚高爾夫球俱樂部，1966。

❽—原引文註：當時其他俱樂部的入會金大約是五百日圓。

❾—大倉喜七郎口述，《川奈的成長過程》（川奈の生い立ち），川奈飯店，1962。

五、冬季運動度假村

運動傳入之秘史

一九一〇年（明治四十三年）十一月三十日，一名外國人抵達橫濱，正是奧匈帝國的軍人（當時仍是少校）雷路伊（Theodor Edler von Lerch）。

雷路伊少校抵達日本的第二年，便前往豪雪地帶的新潟縣高田赴任。於此之前，從未有歐洲軍人被派往雪國地區，雷路伊少校於《明治日本的回憶——日本滑雪之父手札》❶一書中，記錄著赴任之緣由：

> 對於滑雪抱持著獨特熱情的我，當然是帶著兩套滑雪裝備出發。……至日本的陸軍省報到時，我提出請求，希望盡可能地將我安排到多雪地區的連隊。

雷路伊少校就任後，一月十二日，便以日本軍隊為對象，於金谷山舉行研習會，內容是有關雪中行軍的滑雪講習。

此後，一月十二日便成為近代滑雪運動傳入日本的日期，因而受到矚目。

這個研習會原本的開設目的，並非為了推廣新的冬季運動。雷路伊少校在《明治日本的回憶》中回憶道：「完全是基於單純的軍事理由，與冬季運動絲毫沒有關係。」

儘管如此，雷路伊少校所屬連隊的隊長堀內文次郎上校，則將滑雪視為一項運動，抱持著莫大的興趣，甚至打算在地方的學校進行推廣。其後，則由受過雷路伊少校指導過的軍官們擔任教師，

◆ 當時，滑雪是為了在雪中行軍而導入的技術。這張風景明信片，是山形步兵 32 連隊在五色溫泉（早期能看見滑雪風景之處）的練習實況。

教導學生滑雪。

滑雪這項新興運動，很快地吸引了大眾的目光。不久，滑雪的技術指導書籍也在坊間出版，大學生之間也開始盛行滑雪的競技。滑雪傳入日本後的第十二年，一九二三年（大正十二年），小樽舉辦了首屆全日本滑雪選手權大會。

東方的聖莫里茲

在滑雪運動普及的昭和初期以後，積極招攬滑雪客的活動也逐漸熱烈了起來。

例如，長野電鐵的神津藤平社長（故鄉為志賀村）便打了前鋒，推動志賀高原滑雪場的開發計畫。

首先，於一九二八年（昭和三年）注意到上林溫泉附近的斜坡，將其整備為滑雪場。翌年，邀請挪威（國內盛行滑雪運動）選手，致力於宣傳活動。選手們看見周圍的美景，紛紛讚不絕口，驚嘆是「東方的聖莫里茲」。

◆皇族也須學習滑雪技術。這張風景明信片，是伏見若宮殿下在妙高山麓練習單支滑雪杖的狀況。

之後，春風得意的長野電鐵，也開始在幾個地方蓋起北歐風格的山間小屋。

同樣位於長野縣的菅平地方，上田溫泉電軌之電鐵公司則於一九三四年（昭和九年），委託電影導演山本嘉次郎拍攝電影《戀愛滑雪術》，由當時的人氣女星市川春代領銜主演。或許是受到這部作品的影響，翌年，導演西鐵平也在菅平地方拍攝電影《山間小屋之一夜》。

一九三〇年（昭和五年）開業的菅平飯店，據說在其社交室，可以看見人人徜徉在跳舞樂趣之中的光景。這或許可說是滑雪運動之餘，娛樂活動的先鋒（滑雪結束之後的跳舞娛樂）。

不過，滑雪場景在電影中的首次登場，則出現在比上述電影更早的作品中，為一九二九年（昭和四年）小津安二郎的《少年時光》。結束期末考試的大學生們享受著滑雪之樂的樣貌，早就生動地呈現在這部電影之中。

高級滑雪度假村的誕生

在電影《少年時光》中登場的便是赤倉滑雪場。提到赤倉，或許會讓人聯想到一九三七年（昭和十二年）開業的赤倉觀光飯店。

事實上，這間飯店的誕生，歷經了幾番波折。昭和時代初期，坊間流傳著一項傳聞：爭取奧林匹克運動會舉辦權的活動越趨積極活躍，若能夠成功地取得主辦權，冬季大會的會場將會

◆ 志賀高原溫泉飯店，由長野縣開發，京都飯店經營。備有 92 張供滑雪者專用的床舖。

◆ 赤倉觀光飯店的介紹手冊。除了踏雪車之外，如雪撬一般的滑雪板在現場也十分熱門。據傳這也是大倉男爵的提案。大倉氏的名字至今也留存於札幌的大倉跳台上，因為其建設出自大倉男爵的資助。

是新潟縣的妙高高原或長野縣的志賀高原（當時夏季、冬季運動會都由同一國家主辦）。一九三五年（昭和十年）三月，鐵道省國際觀光局指定志賀、妙高、菅平一帶為上信越國際滑雪場，志賀、赤倉地方也推動起建設國際觀光飯店的計畫。

在建設飯店的計畫上，為了尋求合作，地方的有志者前往帝國飯店拜訪。帝國飯店方面則派出常務董事犬丸徹三負責接待。對於新飯店的建設，犬丸氏持謹慎論調，認為就算能在妙高、赤倉一帶建設飯店，經營上卻也是一大難題。此時，犬丸氏的上司，同時也是帝國飯店董事長的大倉喜七郎男爵（後來大倉飯店的創業者）登場。或許因為新潟縣是其父親大倉喜八郎的故鄉，喜七郎便對這項建設有了興趣。最後，帝國飯店通過大倉喜七郎董事長的意見，

◆越後湯澤溫泉的高半飯店所製作的傳單。可以從中看見「提供租借滑雪用品百組」、「舉辦變裝滑雪的娛興活動」等情報。

◆美術明信片《滑雪行進曲》（一套7張）。相馬御風作詞，中山晉平作曲，鈴木泉造繪製。「滑了一跤被一把抱起，羞紅臉的那一日不是夢。」如此歌曲也是受到滑雪的影響而誕生的吧。

讓真正能享受滑雪樂趣的滑雪度假村飯店得以開張營業。

在男爵的腦袋裡，或許也思考著，如何讓喜愛滑雪的富家子弟成為帝國飯店的客人，因此兼任赤倉觀光飯店的董事長時，熱心於該飯店的經營。其中，特別吸引使用者目光的便是踏雪車。赤倉觀光飯店購入兩台美國製的踏雪車，將住宿的旅客由距離最近的車站載至飯店。男爵還在踏雪車的側邊花俏地寫上「大倉式雪上汽車」。

冬季奧林匹克的泡沫幻影

人氣女星高峰三枝子因為電影的拍攝，踏上了赤倉這塊土地。但是，高峰氏自由徜徉於雪地之時，卻不幸摔跤骨折。恰巧大倉男爵當

◆ 越後湯澤溫泉的滑雪場中設有一種滑雪登山索道——斜坡牽引。女性滑雪者可以將牽引的繩索套繫在腰際，登上斜坡。

時也在滑雪場內，細心俐落地為高峰氏提供幫助與照料。此後，高峰氏便稱呼大倉喜七郎為「Baron」（男爵）。

另一方面，與赤倉觀光飯店建設計畫並行的志賀高原的飯店計畫，也持續地推進著。尚未等到道路整備通車前，便藉由馬力及人力運送建築材料進入工地。因此，儘管有部分地區尚未完工，志賀高原溫泉飯店還較赤倉早十一個月、於一九三七年（昭和十二年）一月開始營業。該飯店為長野縣經營的飯店，但實際上的營運則委託京都飯店。此外，在飯店名稱加上「溫泉」二字，是考慮到日本人喜愛溫泉的心態，因此特地去尋找溫泉的源泉，引流至飯店。

志賀高原在斜坡上較妙高略遜一籌，但是在雪質上卻堪稱第一，對於奧林匹克運動會主辦權的通知，可謂殷切地引領盼望。志賀高原溫泉地的熊之湯，其泡湯旅客半數也都集中在冬季前來，滑雪勝地的繁華熱鬧似乎已著實扎根。

然而，中日戰爭的戰況越演越烈，日本政府也放棄開辦奧林匹克的權利，最後終究成為一場泡沫幻影。

由諏訪湖開始的溜冰

冬季運動的另一項目溜冰，是由長野縣諏訪湖開始，並於大眾之間廣泛流傳開來。溜冰的發

◆以外國人為對象的宣傳：「WHERE TO SKI AND SKATE IN JAPAN」（在日本何處滑雪與溜冰），由鐵道省、日本旅行協會、日本飯店協會共同發行。

◆1907年（明治40年）於諏訪湖舉辦的第二屆滑冰會，風景明信片上還蓋有紀念戳章。

祥地為札幌，由札幌農學校的美國人教師傳入。其後，雖然也在盛岡及仙台等東北地區流傳開來，但乃至明治時代後期，溜冰運動於諏訪湖登場，才一舉點燃了人氣。

首先，一九〇三年（明治三十六年）由北海道移住長野的田中稻實、克積兄弟二人，在結冰的諏訪湖上溜冰作為開始。兩年後中央線通車，到了冬季，上諏訪、下諏訪的飯店便住滿了前來溜冰的旅客，好不熱鬧。

究竟，溜冰運動為何會在諏訪湖急速地普及開來呢？《日本溜冰史》一書將理由列舉如下：首先，諏訪湖為「油冰」，亦即如油流動一般品質優良的湖冰；其次，中央線通車後，自京濱、中京、京阪神地區前來的班車變得方便許多；另外，也發明出適合青少年入門的木屐溜冰鞋（將冰刀附在木屐下方）等。

◆ 寫著「冰上掛帆滑走」的風景明信片。當時的攝影地點在鴨綠江（流經當時滿州的安東以及朝鮮的新義州之間），被稱為冰上風帆（ice yacht），於諏訪湖等地也可以看見這番景象。

中央線通車隔年，一九〇六年（明治三十九年），在飯店丸屋的老闆大久保要四郎提議下，整備冰上運動場（溜冰場），舉辦了第一屆諏訪湖溜冰遊戲會。內容是將運動會的競技活動搬到冰上進行，自此之後，在冰上滑行的樂趣便逐漸普及開來。

冬季樂園

鐵道省與日本旅行協會、日本飯店協會曾一同編輯一本導覽書，題為《在日本何處滑雪與溜冰》（*WHERE TO SKI AND SKATE IN JAPAN*），發行時間應為昭和初期。試著找尋書中有關溜冰度假村的記述，可以得知神戶六甲山的幾個池塘為最南邊的界線（其中也說明一部分為六甲山溜冰俱樂部的使用場地），至於日光金谷飯

"Ice Skating Pond"
The Rink is in the Compound of Kanaya Hotel,
From December to Mrach.

◆ 日光金谷飯店的溜冰場。說明中寫道：「夜晚會點上三千燭光的電燈，因此在冬天的長夜裡，也能盡情地享受溜冰。」並提供出租溜冰鞋的服務。1922 年（大正 11 年）起開始舉辦飯店內工作人員的溜冰大賽。此外，也籌辦變裝溜冰活動，日光町的民眾也會前來觀賞。

店的溜冰場，其存在感可說是獨一無二。該飯店於一九一六年（大正五年）開設約二百坪大的溜冰場，經營者金谷真一將之稱為「普萊西德湖」，❷引以為傲。

事實上，也確實因溜冰場的開設，使日光金谷飯店在冬季的住宿人數急速成長。三年後，溜冰場擴張為三百坪大；又在兩年後，建設龍宮觀覽亭，讓人從屋內俯瞰整座溜冰場。此外，還會在溜冰場內舉辦「吃麵包賽跑」，❸過年元月時則依慣例讓大家站成一排，拍攝紀念照等。因為溜冰場人氣興旺，飯店也跟著成為「冬季遊樂園」（風景明信片上的讚頌文句）。

註釋：

❶—雷路伊著，中野理譯，《明治日本的回憶——日本滑雪之父手札》（明治日本の思い出——日本スキーの父の手記），中外書房，1970。

❷—普萊西德湖（Lake Placid），又有寧靜湖之稱。位於美國紐約州，曾舉辦過兩屆冬季奧林匹克運動會。

❸—譯註：吃麵包賽跑，日本運動會中的常見項目，將麵包懸吊於跑道上方，跑者雙手綑綁於後方，必須跳躍以口咬下麵包後前進。

六、神社寺廟參拜

搭乘列車前去參拜

一九三〇年（昭和五年）鐵道省發行《神社參拜》，以四百四十八頁的篇幅介紹全國一百九十八間神社。一九一九（大正八年）其實也曾發行過，此次則修正添補原有內容，並新增環遊神社周邊名勝之報導。

江戶時代，參拜旅行為庶民之間的一大要事。表面上是信仰的一環，實際上，是因為在參拜後便能開葷，享受宴會、溫泉療養與名勝遊覽之樂趣。因此，前往著名神社寺廟參拜，成為旅行文化的一大支柱。

但是，明治時代前的一八六八年（慶應四年），新政府為了推進神道國教化的政策，而制定神佛分離令，廢佛毀釋運動興起，前往著名寺院參拜的人潮也減少。例如，以俗諺「追牛追到善光寺參拜」❶聞名的長野市善光寺，到了明治時代，「山中的寺院齋館在經濟上都面臨窮困的窘境」。❷參拜旅客出現回歸的趨勢，必須等到鐵路開通之後。

◆ 富士淺間神社收藏版本的銅版畫（野木三平治編，《富士山東門新道御殿場車站圖》，淺間神社社務所，1892）。自古以來，富士山便是民眾信仰的對象。江戶時代出現許多富士教團（富士講），至明治、大正時期更是蓬勃發展。

（一〇）

首先，一八八八年（明治二十一年）長野至直江津之間的鐵路通車，五年後又於碓水山巔導入艾伯特式（Abt system）軌道，路線直達東京，善光寺也因此恢復過去隆盛繁昌的光景（此外，教部省在一八七五年（明治八年）下達宗教自由，人民得以自由信奉神、佛各教）。

因鐵路的完工通車，而為寺廟神社招致更多參拜旅客的例子，不只有善光寺一例。例如一八八九年（明治二十二年）在四國地區第二條開通的讚岐鐵路，便以運載前往金刀比羅宮參拜的乘客為首要目的，建設丸龜至琴平之間的鐵路。

一八九七年（明治三十年）成田車站的落成，也是因應成田山新勝寺的存在。初期的成田鐵路，最先開通的就是佐倉至成田一帶。

因此，或許也可以反過來說，因為神社寺廟

◆ 竹野屋飯店於1935年（昭和10年）發行的宣傳手冊《出雲參拜》。手冊內記有出雲節的民謠歌詞：「新婚旅行到大社參拜月老。」

的存在，而促進了鐵道的發展。

為了嫌麻煩的人們

旅行公司的創始者、日本旅行（請參照〈旅行雜誌〉）的創業者南新助，便是利用鐵路將大量的參拜旅客送往目的地，打下了旅行公司的基礎。

根據日本旅行百年史編纂室所編的《日本旅行百年史》❸一書，南氏一家致力於滋賀縣內東海道線草津車站的設置，並取得草津車站站內的營業權，參與列車食堂的營業。某日，新助從喜愛旅行的祖父口中，聽見關於善光寺參拜旅行的敘述。那是鐵路尚未通車的時代，旅行必須換乘人力車及轎子。不久後，新助得知前往善光寺參拜是草津附近許多人的心願（當時

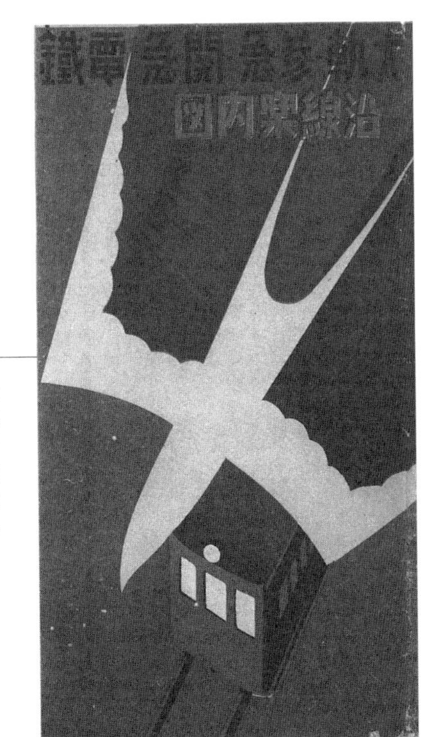

◆ 近畿鐵道的前身《大軌・參急・關急電鐵沿線導覽圖》（1939）。除了路線圖以外，在以〈自車窗望去〉為題的文章中，詳細介紹了沿線的著名寺院等名勝。

◆ 題為「御殿場登山道的陡坡及萬年雪的實際狀況」的風景明信片。

◆ 京都電燈・叡山電鐵課於 1937 年（昭和 12 年）發行的比叡山導覽英文版。封面為美人畫風的女行商。

相信只要前往善光寺參拜，死後便能到達極樂世界），並推測其中應該有不少人會因交通、住宿地點的選擇，以及生疏的地理環境等種種因素而提不起勁，因此想出可以募集參加者、舉辦團體參拜旅行的點子。一九〇五年（明治三十八年）接連成功地募集高野山參拜團、伊勢神宮參拜團（兩者的規模都在一百人左右）。這年，新助只是個二十歲的青年。

三年後，利用國鐵包廂臨時列車，首度企劃善光寺參拜團。七日行程第一日的夜車由草津發車，一路遊覽江之島、鎌倉、東京、日光等地後抵達善光寺，最後再回到東京。即使是一段長時間的旅行，卻意外吸引到九百人參加，最後只好分為兩班次施行。

參加者主要為農業人家。新助在晚年時曾回想道：「即使進入明治末葉，『旅行是憂愁、艱辛』的觀念在某些地方仍舊存在著。不管是對旅行者，還是對留待家中的家人而言，前往東京旅行之事，其心情可是勝過我們今日對於國外旅行的擔心。……在第一回團體旅行時，也有不少參加者最後相互交杯道別。」❹

救世主——纜車

過去，有條路線被稱呼為「參拜電車」，為大阪電軌與其姊妹公司參宮急行電鐵（兩者皆是近畿日本鐵道的前身）。沿線有許多名山名勝，是參拜旅客經常利用的路線。對於前往石切神

◆為了將前往金剛證寺的參拜旅客送上朝熊岳頂（標高 555 公尺），於 1925 年（大正 14 年）開通朝熊登山鐵道。常言道：「要到伊勢參拜就要前往朝熊，缺了朝熊的參拜等於是半途而廢。」因此，前往伊勢神宮參拜的旅客必定也會前往金剛證寺。

社、信貴山、室生寺、橿原神宮、吉野山以及伊勢神宮等地的參拜旅客而言，是條十分便利的路線。若由距離最近的車站搭乘公車，也能輕鬆快速地抵達法隆寺等地。

讓寺廟神社參拜活動更為方便的，便是纜車的出現。從大阪電軌的生駒車站出發至寶山寺的參拜，因此變得更為輕鬆。這是日本最早的纜車，於一九一八年（大正七年）通車。

寺廟神社原本就多在山中或山巔，總讓參拜者吃足了苦頭。雖然有轎子可以乘坐，但是纜車的普及對於參拜者而言可謂大有助益。事實上，日本的纜車也因參拜需求而發展起來。依照開通的順序來看，朝熊登山鐵道先登上了伊勢的金剛證寺、叡山纜車再從叡山電鐵運行京都的八瀨（西塔橋）登上四明之嶽，以及另一條同樣能爬上比叡山的坂本纜車等等，纜車使用的地區逐漸廣泛。

註釋：

❶— 譯註：追牛追到善光寺參拜，意指因為他人的關係，不經意地被引導至良好的方向。俗諺由來：從前，有位住在善光寺附近的老婆婆，生性貪欲且不信神佛。某日，因為看見晾在外頭的布，居然掛在鄰居家的牛角上，因而追尋著牛隻的身影，最後抵達善光寺。因為這個契機，老婆婆開始前往善光寺參拜，最後踏上信仰的道路。

❷— 小林計一郎，《善光寺》（善光寺さん），銀河書房，1979。

❸— 《日本旅行百年史》，日本旅行出版社，2006。

❹— 《日本旅行百年史》，日本旅行出版社，2006。

七、名勝山水

對美麗風景的領悟

說到日本三景，任誰都能說出是陸奧的松島、丹後的天橋立，以及安藝的宮島。那麼，所謂的日本三景，究竟是由誰決定的呢？其實，是從江戶前期的朱子學者林羅山與他兒子春齋於著作中的記述與讚美，而後扎根定型的答案。

例如在今日，宮島的「日本三景碑」上寫著：

> 安藝嚴島陸奧松島丹後天橋立為三處奇觀
>
> 寬永二十年（一六四三）日本國事跡考
>
> 林 春齋

《日本國事跡考》為春齋的著作名稱。這本書，逐漸讓大眾提高了對於名勝古蹟的關心，乃至江戶時代後期，各地開始舉行「八景」的名勝票選。這個做法，是仿效中國的「瀟湘八景」。中國湖南省北部洞庭湖周邊的瀟水與湘江，因風光明媚而得

◆ 於 1913 年（大正 2 年）開業的松島公園飯店之宣傳手冊。內部為西洋式設備，外部是配合周遭環境的和風建築，設計者為強 · 雷傑爾（Jan Letzel）。

◆「美人的天橋立之跨下觀景」。自古以來，便流傳著觀賞天橋立的最佳方式為跨下觀景。海天上下倒轉，正如名稱所示，可以看見宛如綠色天橋架往天際一般的景色。

此名，其中又以近江八景最為有名（另外，將神奈川相模灣一帶稱呼為「湘南」，其由來也是瀟湘湖南）。

無論是三景還是八景，先不論數目上的不同，名勝票選這一項活動本身，無疑提高了人們對於名勝風景的關心程度。接著在浮世繪中，風景畫（與美人畫、演員畫一同）成為繪畫的重要主題，三景便更加受到世人的關注。

那麼，在近代以後，人們對於名勝的喜愛又以何種方式繼續維持下去呢？

即使時序進入了明治時代，浮世繪的風景畫主題仍舊延續著。無論是色彩鮮艷的錦繪抑或筆觸細密的銅版畫，都描繪出名勝地區的風景。其中，創造新潮流的便是畫報雜誌之元祖《風俗畫報》。❶雜誌於一八八九年（明治二十二年）創刊，雖然以魄力十足的插圖傳達災害及戰爭

◆ 天橋立之名物——盆轎。1927 年（昭和 2 年）開通纜車至傘松（眺望山麓景色的絕佳之處）以前，盆轎為常用的交通工具。

等主題，但也推出「名勝畫冊」，描繪以東京為中心的各地風景及生活樣貌。

接著五年後，志賀重昂的《日本風景論》❷一書出版，大受好評，成為最暢銷之書籍，十年內便達到二十五刷的成績。

身為地理學者的志賀氏，於書中以自然科學的觀點解說日本的風景美。他曾至南洋旅行，但並未環遊日本各地，書中內容大多引用過去的文獻。因此，志賀氏所做的工作，與其說是作者，不如說是編者較為恰當。該書受到眾多讀者支持的原因，或許是在甲午戰爭時期、國民愛國心高漲的背景下，該書能捕捉日本國土的全貌，讓大家重新看見日本的風景美。古人的遊記、俳句與詩歌等也夾雜於文脈中：「日本松柏科植物種類豐富，全世界第一」、「若不是日本國內的降水量豐沛，那麼也不會有如

◆《風俗畫報》的臨時增刊號（東陽堂，1897），其特輯〈新編東京名勝圖畫第十一編〉介紹了湯島、飛鳥山、日比谷等地。

◆在志賀重昂的《日本風景論》（政教社，1894）中刊載的北海道〈女阿寒嶽的最高點／男阿寒嶽〉之圖（雪湖樋畑繪製）。同書第60頁也有火山之評論。

此詩情畫意的風景」、「錦繡河山，動植物種類的豐富，是涵養日本人審美心之原動力」等文句躍上紙面。

風景成為天然資源

不久之後，關於名勝之情報，以一項新的媒介——美術明信片——在大眾之間廣為流傳。其大流行的契機為日俄戰爭，其後，一方面在媒體宣傳上廣為運用，另一方面也成為宣傳名勝地方的重要媒介。在愛好者的圈子當中，也有人細心地將一張張美術明信片貼在相冊之中，珍愛收藏。就算無法出外旅遊，光是望著美術明信片，也能沉浸在旅行的氛圍與風情。

話說回來，美術明信片大流行之後的一九一一年（明治十四年）末，於第二十八屆的往常議

表面　嚴嶋名所圖會所載

BIRD'S EYE VIEW OF ITSUKUSHIMA.

會上，通過了日光町長「將日光作為帝國公園」之請願。後來，議會中也紛紛出現設置國家公園❸的請願。其中，可以看見議員傾聽各地支援者的心聲，即使是小小的風景名勝之地也傾囊相助，希望能列入國家公園的請願。

一九一九年（大正八年），眾議院議員小西和提出國家公園法案。出身香川縣的小西氏，在日光町長提出請願的同一年，於報社工作，每晚窩在約兩坪大的書房中整理資料，出版《瀨戶內海論》，❹宣傳海上觀光的重要性。❺

另一方面，當時主管公園的內務省衛生局，則縮小候補地的範圍，並派遣林業學博士田中剛至歐美，調查海外狀況。

由於上述的種種動作，設置國家公園的走勢也越來越被看好。志賀氏在《日本風景論》中提到，破壞日本的風景及名勝古蹟，等於連帶

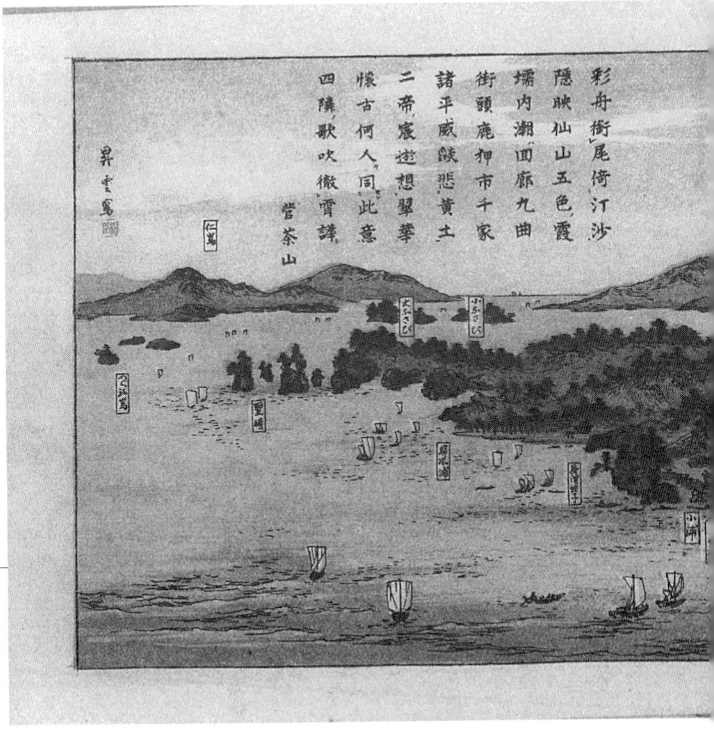

◆ 嚴島神社的俯瞰圖（左半部），出自三好右京的《嚴島名勝圖會》（東陽堂，1909，頁80）。

地毀壞了日本的歷史觀念，強調保護風景名勝之重要性。這番呼籲，總算朝向實現的方向開始運作起來了。一九二七年（昭和二年）設立國立公園協會，就任會長的細川護立侯爵於雜誌《國立公園》❻創刊號記述如下：

在現代，風景是一種天然資源。我們應該謀求開發利用的方法，因為這將有助於國家經濟，毋庸置疑地，也可以在國際上招致很大的效果。

接著，國家公園法案終於在一九三一年（昭和六年）通過，三年後，依序認定瀨戶內海、雲仙、霧島、阿寒、大雪山、日光、中部山岳（日本阿爾卑斯山）、阿蘇、十和田、富士箱根、吉野熊野、大山十二個地方為國家公園。美麗的風景，自此也納入法律的保護範圍內。

◆《國立公園》創刊號（國立公園協會，1929）。內容刊載〈國立公園與時代之要求〉、〈國民保險與國立公園〉、〈國立公園的事業與經濟問題〉等論文。

山水風景之熱潮與近代登山

行政上，美麗的風景得以受到法律保護時，在庶民階層中，又會以何種視點來享受旅行的樂趣呢？

一九一九年（大正八年），當時屈指可數的出版社之一博文館，出版了大町桂月的《山水巡禮》。以遊記作家聞名的大町氏於書中盛讚登山之益處：

「登山」為余平生的主張。……雖說娛樂易使人墮落、自毀前途，然登山則使人神清氣爽、強健體魄、高尚清雅，不知不覺間修養了品德，也豐富了知識。

約在該書出版前後，正好颳起山水風景之熱潮。受到前述志賀氏《日本風景論》的刺激，小島烏水、大橋乙羽、田山花袋、幸田露伴等人稱頌山水之美的遊記一出，世人的目光便聚焦到深山幽谷的自然美景。特別是小島氏在一九〇五年（明治三十八年）出版的《日本山水論》中寫道：「在所有自然風景中，山岳有著畫龍點睛的效果。」禮讚了山岳的存在。

不過，在小島氏及大町氏注意到山岳之前，其實前述的志賀氏早已在《日本風景論》中主張「應該開創登山的風氣才是」。而《日本風景論》一書，正是小島氏的愛書。小島氏在牧師兼登山家的韋特・威斯頓（Walter Weston）之建議下，於一九〇五年（明治三十八年）創設日本

◆宣傳手冊《到山裡去》（大阪鐵道局，1934）。內容包括夏季車票折扣一覽表、北阿爾卑斯登山路線圖、登山入口處的飯店介紹、山中小屋的住宿費、導覽公會及導覽費等。

◆安藤荒太編的《避暑導覽》（安藤文貫堂，1903）。除了介紹鐵路沿線的許多觀光名勝，也有啟蒙讀者的文章〈旅行之必要〉、〈旅行之利益〉。

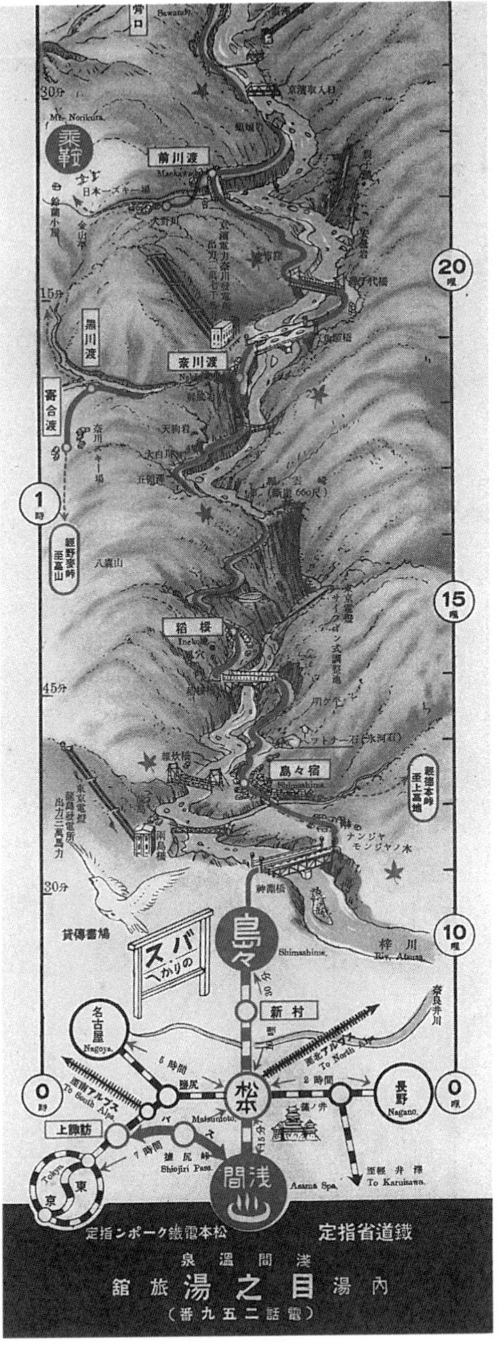

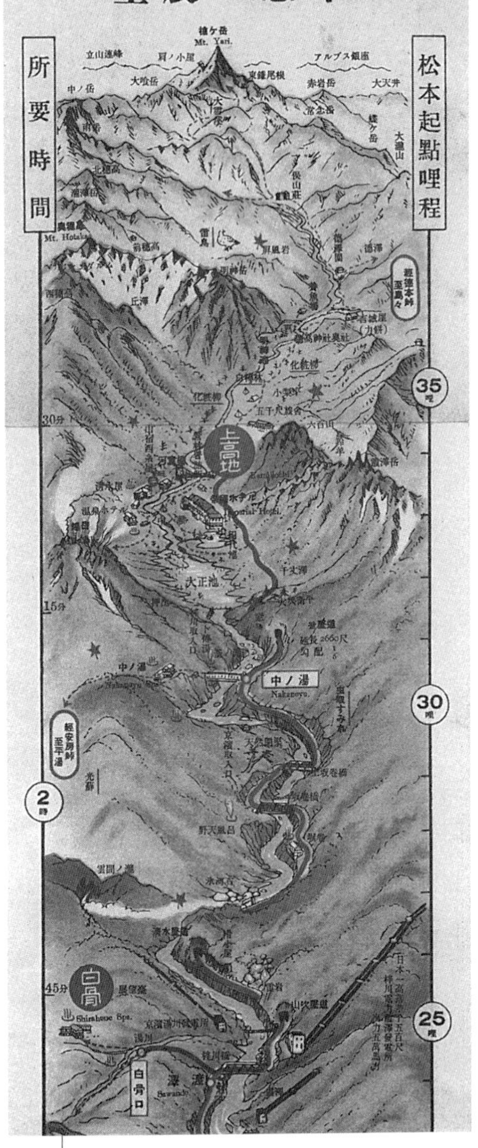

◆ 1936年（昭和11年）由松本電氣鐵道所發行的《往國立公園上高地之車窗展望》。此縱型的長幅地圖，長53.5公分，詳細介紹了由松本至上高地之間的觀光名勝。

山岳會並任首屆會長。

不過，志賀氏自己其實並非一位登山家。他是根據英國的法蘭西斯・高爾頓（Sir Francis Galton）寫的《旅行的藝術》（*Art of travel*）一書，才寫上登山的內容。《日本風景論》獎勵非信仰目的之近代登山活動，後來查明其內容有抄襲英國書籍之嫌，在現代多少影響到《日本風景論》的評價，但當時的志賀氏仍舊被視為日本山岳會之恩人，於一九一一年（明治四十四年）獲頒為名譽會員。❼

無論如何，山水美景之熱潮，也孕育出下面這本珍貴書籍——一九二五年（大正十四年）發行的《旅行之科學》，作者為松川二郎。松川氏之名在現代已為人所遺忘，但正如前述〈溫泉旅行〉一章中提及的《以療養為主的溫泉導覽》，❽他是位能從獨特視角切入主題的旅行作家（其他著作如《遍尋山珍海味的舌尖之旅》❾等）。

《旅行之科學》的內容包羅萬象。從魚津的海市蜃樓❿開始，至有明的不知火、⓫「南柀摩柀」⓬的真面目、三奇橋、⓭恐山的死者之聲⓮等。以科學知識說明旅行者經常碰見的珍奇現象與事物。

順道一提，「南柀摩柀」為樹木的名稱，根據松川氏的說法，出乎一般人意料地，該樹在日本國內並不罕見，但後來世人大多傾向將周圍珍奇少見的樹種一併稱為「南柀摩柀」。因此，松川氏分析：「若仔細調查南柀摩柀，意外地讓人覺得無趣。」⓯

◆獲選為日本新八景的木曾川（日本航線）美術明信片組之封面圖畫。

九千萬票的「國民投票」

一九二七年(昭和二年),成立國立公園協會的同年,《東京日日新聞》、《大阪每日新聞》公布將舉辦讀者投票活動,以票選決定日本新八景。該活動由鐵道省贊助,目的為發掘埋藏在坊間的觀光資源,且在當時沸沸揚揚地討論振興國際觀光政策的背景下,希望能為之提供些許助益。

該活動獲得廣大的迴響,一個多月的時間便募集了九千三百五十萬張選票,其中恐怕也包含組織動員的投票。世人瘋狂地支持「我心中的名勝」。其後,根據各部門收取的票數,統合出前十名作為候選,再由審查委員會加以檢討,最後選出日本新八景:山岳方面為雲仙岳、瀑布方面為華嚴之瀧、湖泊方面為十和田湖、海岸方面為室戶海角、溪谷方面為上高地、河川方面為木曾川、平原方面為狩勝、溫泉方面則是別府。不過,票選的對象則將富士山、琵琶湖及瀨戶內海排除在外,這些地方是日本國內無人不知的名所,因此將其視為「種子選手」,以避免阻礙發掘新名勝的初衷。

此外,這項新八景的票選活動仍有後續發展。沒被選上的各大景觀地之當地居民,紛紛發出不滿與不服之聲,而為了平息這些聲音,審查委員特地前往各地撫慰居民。即便如此,報社認為仍有不足之處,因此另選定了日本二十五景及日本百景。

註釋：

❶—《風俗畫報》（風俗画報），東洋堂，1897。

❷—志賀重昂，《日本風景論》，政教社，1894。

❸—譯註：日文為國立公園，亦即國家公園之意。於協會名及雜誌名的翻譯上則遵從原名，使用國立公園。

❹—小西和，《瀨戶內海論》，文會堂，1911。

❺—《香川・讚岐原野》（かがわ さぬき野），二〇〇四年夏季號，香川縣公關課（廣聽廣報課）。

❻—《國立公園》（国立公園），國立公園協會，1929。

❼—志賀氏「剽竊」之事，在黑岩健《登山之黎明——一探「日本風景論」之謎團》（登山の黎明——「日本風景論」の謎を追って）（鵜鶘社，1979）一書中被揭露。

❽—松川二郎，《以療養為主的溫泉導覽》（療養本位温泉案内），白揚社，1929。

❾—松川二郎，《遍尋山珍海味的舌尖之旅》（珍味を求めて舌が旅をする），日本評論社，1924。

❿—譯註：魚津地區自江戶時代前便以海市蜃樓之景色聞名。

⓫—譯註：有明海上的不知火，於民間傳說中為妖怪的一種或龍神的燈火。不知火出現的日子禁止出海捕魚，以現今的科學現象解釋，或許也是海市蜃樓的一種。

⓬—「南椥摩椥」的日文為「なんじゃもんじゃ」，多指流蘇樹，但也是珍奇樹木之概括稱呼。

⓭—譯註：三奇橋，有諸多說法，包含錦帶橋、猿橋、愛本橋、葛橋、神橋、木曾之橋。

⓮—譯註：恐山為日本三大靈場之一，據說是死者靈魂聚集處，巫女能召喚逝世之人，吸引許多人前往參拜。

⓯—譯註：失去神秘感而覺得失望無趣。

八、

橋梁成為詩作及繪畫的一部分

古往今來，不分東西，各式各樣的橋梁被搭建起來。橋梁的出現，讓旅行成為可能。因此，橋梁可說是最重要的基礎交通建設之一。

另一方面，橋梁豐富了當地的風景，同時成為地區的象徵。曾有人表示「橋梁為道路的寶石」，讚揚其造型之美。橋梁的發展，可謂支撐著旅行的文化。

一九二九年（昭和四年）發行、畑中健三所著的《名橋巡禮》（太陽堂書店）一書中，舉出了日本三奇橋之一的岩國市錦帶橋。該橋梁本身便是知名的觀光景點，即使在禁止旅人進入的江戶時代，也有繪畫等媒介，將橋梁的存在廣泛地傳達至世人的眼中。到了明治時代，禁令解除，則更加吸引眾人的關心。根據該書的敘述，過去的錦帶橋有「秀麗的外觀，搭配著自然環境，與雅緻的風景相互輝映，其幽美之景引來詩人的歌頌，也成為繪畫之主題。」顯示出該橋的存在感。

◆ 風景明信片中由下向上望去之木造多連式拱橋錦帶橋，可以看見木材間組裝的細密之感。據說這座橋的誕生可以向上追溯到 1673 年（延寶元年）。其中，「岩國著名的錦帶橋由下向上望去之景」之文字，為這張風景明信片使用者所寫下。

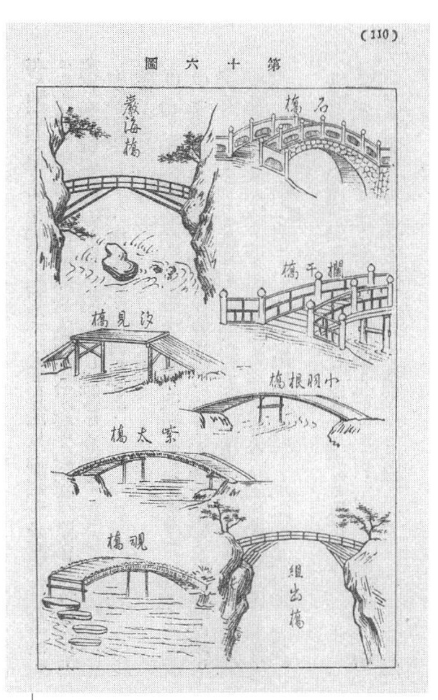

◆《名橋巡禮》一書中，解說了各式各樣架設於庭園中的橋梁共 15 種。例如右下的「組出橋」，書中解說道：「架設於假山之間，象徵深山幽谷之境。構造如圖所示，未使用橋樁，而是以組裝的框架作為支撐……以甲州猿橋❶為範本。」

然而，當時間進入明治時代後，實用主義成為主流趨勢。該書也提到，直到近年才終於「開始顧慮到外觀的美感，在橋梁的設計上也出現邀請建築師加入的例子。除了追求永久性與堅固性之外，漸漸地會施以裝飾，增添橋梁的美感。」

《名橋巡禮》出版之時，富含美感的橋梁代表作——隅田川上的清洲橋吊橋——正巧完工，據說是以世界知名的興登堡吊橋（Hindenburgbrücke，位於德國科隆的萊茵河上）為範本搭建，其如女性般的優美線條設計，廣受好評。

同一時期，於大阪東横堀川上的高麗橋，在改建上也顧慮到美觀的外型設計。舉辦渡橋儀式的有志之士們發行的紀念手冊上，誇張地書寫著：「欄杆採用擬寶珠❷的裝飾，典雅壯麗且富含藝術氣息，清雅爽朗、神聖莊嚴的新橋落成。」

高麗橋的歷史悠久，屬於「公儀橋」（由幕府負擔修繕改建的經費），為幕府末期、明治初期排行日本第三（繼長崎鐵橋、横濱吉田橋之後）、大阪首座的鐵橋。紀念手冊上寫著，即使將橋梁本身改為混凝土製，但細部設計方面則尊重高麗橋的歷史，改建為優美的拱橋。

備受矚目的日本橋改建

若說到日本橋梁的代表，那自然便是東京的日本橋。江戶時代，日本橋為江戶的庶民住宅區、商業中心，同時也是五街道❸的起點。德川家康成為征夷大將軍的隔年，也就是一六〇四年（慶長九年）以後，日本橋便如其名稱所述，成為日本的中心地帶。

日本橋於一八七二年（明治五年）在一場銀座的大火之中燒毀，翌年重新搭建為西洋式的木橋，據傳建設費用是由橋旁的魚市場負擔。橋中央為車馬行走之道，左右則分別設置步道。日本橋一帶依舊繁盛。

一九一一年（明治四十四年），日本橋重新改建，成為石造的二連拱橋。當時有人主張，應回歸舊有的擬寶珠高欄設計之和風建築。一時之間議論紛紛、莫衷一是，最後終於達成共識，也就成為現在日本橋的樣貌。

改建後的日本橋，是日本首座採用西洋風裝飾的橋梁，橋上設計有青銅製的唐獅子❹雕像與

◆ 日本橋風景，由往來的行人、板車、人力車、腳踏車、路面電車等交織而成的熱鬧景象。日本橋使用花崗岩為建材。圖片後方可以看見圓形屋頂的建築物，為白木屋布莊。

麒麟雕像（皆為渡邊長男之作品）。唐獅子可以展現威嚴，麒麟在中國則有「麒麟現身，聖人降世」之說法。為增添威嚴的氣息，還配上巴洛克式的橋燈，橋名還請最後的將軍德川慶喜揮毫題字。

落成典禮受到世人的矚目，吸引許多民眾前往參加，甚至因為過於擁擠而出現數十名傷者。

此外，泉鏡花於一九一四年（大正三年）發表的作品《日本橋》，便是以日本橋一帶的新舊藝者為主軸書寫。

提供神明越渡之橋

橋梁在人類的移動上提供協助，卻也存在著不易越渡的橋梁，指的便是寺院神社內可以看見的「反橋」之一——太鼓橋。川端康成發表

◆日本橋的麒麟雕像，由朝倉文夫的親哥哥——渡邊長男製作。渡邊長男在製作麒麟雕像之前，也曾參與廣瀨中校（戰死於日俄戰爭中，後成為軍神）的雕像製作（位於萬世橋車站前）。

的小說《反橋》中，關於大阪住吉大社的太鼓橋的敘述，川端氏寫道：「越渡反橋，下橋比登橋來的可怕。」由此看來，太鼓橋並未好好發揮作為橋梁的機能。

事實上，太鼓橋並非建造給人類越渡的橋梁。簡單來說，是提供神明越渡之橋。原在中國是石造的拱橋，稱為吳橋（吳意指古代中國歷史中的一個國家），傳到日本後便成為木造之橋。

不僅僅是太鼓橋，其實在日本，背後有神話傳說加以點綴的橋梁並不少。其代表之一，便是栃木縣日光市的神橋，光看橋名就能感受到莊嚴神聖的氣息。據說勝道上人於日光開山闢道時，仙人現身，將手持的紅色與青色兩條大蛇放在大谷川上，而蛇背長出了山菅草，成為一座橋，讓勝道上人得以渡橋。這便是神橋誕生的傳說。

相對於此，古代也另有鬼怪出沒於橋上的故

◆ 讚岐金比羅神宮的鞘橋。屋頂採中國博風板建築的樣式，塑造出神聖莊嚴的氣氛，只有在 10 月 10 日神轎出巡時才會使用。於 1905 年（明治 38 年）完工。

事。例如平安時代的《今昔物語集》中，於京之橋上，獨眼鬼、千手鬼、單腳跳舞鬼等肆意橫行的故事，以及琵琶湖附近的勢田橋（勢多橋）上，鬼怪出沒襲擊旅人的傳聞。

由此可見，各種善惡精靈與神明能夠隨意地利用橋梁。或許，我們可以這樣推測——橋梁正是因為屬於混沌的空間，才能讓人感受到安定。而如此的智慧，更彰顯出橋梁神聖性的文化，橋梁也因此成為神聖境域之界限的象徵。

川柳中的詼諧俏皮

正如前述，橋梁與人們的生活、移動，甚至精神文化方面都存在著密不可分的關係。不知稱不稱得上是佐證，一九三三年（昭和八年）發行了一本珍貴罕見的書籍《橋之川柳俗話》，

◆ 宇治橋，被譽為日本三名橋之一。橋梁中央的突出處稱為「三之間」，❺ 過去也是為了祭祀善妒的女鬼「橋姬」，以圖安寧之處。

❻作者海野信正（夢一佛）表明其寫作出版的緣由：「橋梁兼具美觀與實用性質，在人類生活上作出了莫大的貢獻，卻總被人們所遺忘，這也是筆者認為不可思議之處。……究竟留存在日本全國的古橋還有幾座？一旦想起這個問題，便越發增添對於橋梁的愛戀。」因此，他將全國重要的橋梁以古今川柳的形式加以筆墨，呈現出詼諧俏皮之感。

例如一九二七年（昭和二年）完工的東京御茶之水的聖橋，便有人如此歌詠：

聖橋　如怒貓般聳立

若由側邊觀察橋身，果然如同貓發怒一般，是前後腳使勁伸直、拱起貓背的模樣。

而京都嵐山的渡月橋則被如此描述著：

渡月橋　一把雨傘便成景

宇治橋渡初式渡女宇治山田市吹上町阿竹シゲ子（七十二歳）渡女夫清助氏（七十四歳）其外二夫婦

◆ 橋梁完工後，依慣例會邀請老、中、青三代的夫婦，參加首次的渡橋儀式。自古以來，橋梁也象徵著男女和睦的信仰，因此便邀請三對夫婦，舉行祈求安全的儀式。明信片中為參加宇治橋首次渡橋儀式的三對夫婦。

也有以鐵橋為題材的作品：

往鐵橋　兩個便當空盒飛躍起舞

吃完便當時正路過鐵橋，窗外吹進一陣風，將重量減輕的便當空盒捲起之情景，在川柳的字句下，映入眼簾。無論是哪一作品，都能勾起讀者的旅情思懷。

註釋：

❶－原文引註：甲州猿橋，日本三奇橋之一。

❷－譯註：擬寶珠，傳統建築物之裝飾，常設置在橋梁、神社與寺院的樓梯、欄杆的兩端支柱上，因外型酷似蔥的花朵，在日文中也有「蔥台」之別稱。

❸－譯註：五街道，江戶時代的五條交通要道。

❹－譯註：唐獅子，來自中國的獅子想像圖案，為幻想動物，頭的兩側、頸部及尾部長有漩渦狀的鬃毛，常作為驅魔、避邪之圖樣。

❺－譯註：三之間，橋梁西側數來第三根橋柱之間的突出處。

❻－海野信正，《橋之川柳俗話》（橋づくし川柳巷談），小木書房，1933。

寫眞は清洲橋

いひ、何れも素人ではないのである。

清洲橋

三沠のすぐ下流、もと中洲の渡しのあつた邊に、大正大震災後、昭和三年三月、新に架設された橋で大川の諸橋中一番スマートな感じのする橋である。橋長百八十六米六、橋名は深川清住町と日本橋の中洲とを結ぶから清洲といふわけ。

洋服ではつきり通る清洲橋　千浪

永代橋

深川の大渡といつて、渡舟場であつたが、元祿九年に常憲院五十の賀に起工し、同十一年七月に竣成した。大川へ第三番目に架けられた橋で、最初は北新堀から深川佐賀町に架けられてゐたのを、明治三十年に現所へ架け換えたのである。

— 120 —

◆海野信正的《橋之川柳俗話》（小木書房，1933）。頁中照片為清洲橋，刊載著「身著西服輕渡清洲橋／千浪」之句。

九、

懷抱著憧憬與畏懼

從前有幾位日本人，懷抱著「來吃吃看西洋料理究竟是什麼滋味吧」之心情，來到神戶的飯店。但是，這幾位日本人看不懂菜單上的料理名稱，只好說：「把菜單上有的，全部端過來吧！」將服務生接連端上來的十幾道料理，一樣一樣地送入口中細細品嘗。最後，將吃剩的料理打包進自己帶來的盒子裡。如此行狀，讓外國人經理大吃一驚。

我們熟知的飯店，現在已經是大眾生活的一部分，無論是誰都能夠前往消費利用。然而，對過去的日本人而言，飯店卻是一個讓人懷抱著憧憬與畏懼的地方，宛如另一個不同的世界一般，是日本國內的外國世界。作家獅子文六，將孩提時代所見、位於橫濱的格蘭飯店（グランドホテル）之光景，記述如下：「給我的印象，除了宮殿以外，別無其他。特別是夜晚，美麗非常。當時，能夠在夜晚點上如此耀眼奪目的燈火，就只有這裡了。」[1]前段所提及進入神戶飯店的那群日本人，想必

◆ 1873 年（明治 6 年）開業的橫濱格蘭飯店之雄風。大概是某個節日，圍牆外掛著紅、白色的布幔裝飾。此外，照片明信片中也包含了後來在明治中期收購為溫莎豪斯飯店（Windsor House Hotel）的部分建築物。

也是鼓足了勇氣才踏入飯店吧。

在日本解除鎖國後，外國人得以來到日本，初期的飯店，便是作為外國人的住宿機構而誕生。鼻祖為一八六〇年（萬延元年）開業的橫濱飯店，由日本的傳統家屋改建而成。成為新興城市的橫濱，新開業的飯店年年增加，宛如宮殿的格蘭飯店也在此地誕生。

格蘭飯店面向港口，坐落於絕佳的地理位置，成為在日外國人之間情報交流的所在，並漸漸地發展成為重要的社交場所。

而後，看中富裕外國人的荷包，日本商人們也開始出入飯店，作起古董品的交易。其中也有刺青師傅帶著圖樣的範本來到飯店，因為不少外國人認為刺青充滿著異國情調。一八七二年（明治五年），太政官公開禁止刺青行為，儘管如此，仍有旅人為了留下旅行紀念而要求刺青。

◆配合神戶至下關的鐵道通車，1902 年（明治 35 年），山陽鐵道（請參照〈鐵道旅行〉）在下關開始經營山陽飯店（木造建築）。後遭祝融之殃，於 1924 年（大正 13 年）再建為鋼筋水泥建築。

赫本博士深具意義的進言

自一八六二年(文久二年)起便定居於橫濱的赫本博士(James Curtis Hepburn),某日前往日光旅行,因遍尋不著落腳歇息之處而傷透腦筋時,有人伸出了援手。這位人物是金谷善一郎,亦即後來日光金谷飯店(開業至今,已有一百三十年以上的歷史)的創業者。

赫本博士進言:「接下來的季節,外國人為了逃離悶熱的氣候,應該會前來避暑,不如趁勢開始經營飯店的生意,如何?」金谷氏聽從赫本博士的建議,於一八七三年(明治六年)利用自己的日式家屋,開設「金谷小屋・飯店」(金谷カッテージ・イン)。往後,外國人便能安心地造訪日光。

在輕井澤也有同樣的狀況。英文教師詹姆

◆ 1930 年(昭和 5 年)開業的甲子園飯店。擔任開發設計的林愛作,首創融合西洋客房與日式客房的房型,為劃時代的客房類型。該飯店被譽為「西方的帝國飯店」。

士・狄克遜（James Main Dixon）與傳教士亞歷山大・蕭（Alexander Croft Shaw）於一八八六年（明治十九年）探訪輕井澤時，發現該地作為避暑勝地的可能性。招待他們的佐藤萬平，不久便開始經營萬平飯店，直至今日，已寫一百一十多年的歷史。

除此之外，正如我們所見金谷飯店及萬平飯店的例子，這些於明治時期誕生的飯店，說得誇張一些，或許可視為在日本文化的變革任務上擔負著十分重要的角色。日本的巨大轉變，正是由於飯店文化移植至各地，使得大舉來日的外國人得以在經濟活動及娛樂生活上尋得據點。

其中，也有日本的實業家在飯店事業上獨具慧眼，搶得先機。當仙台的鐵路開通後，搶先確保車站前土地的人物，便是經營飯店第十五

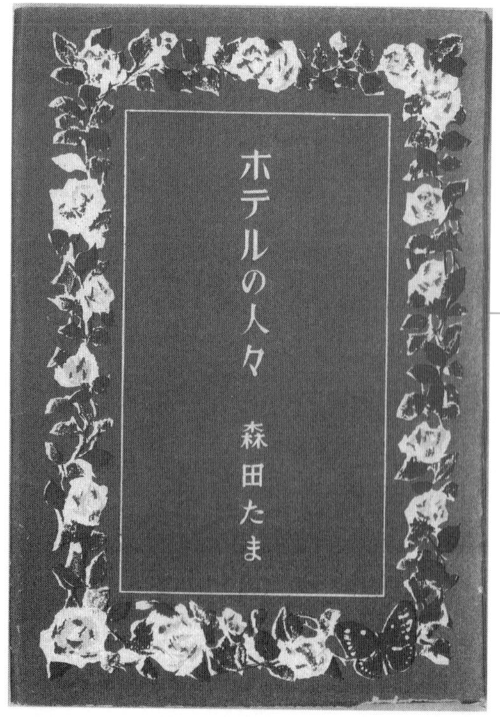

◆ 森田玉的《飯店的人們》（東寶書店，1943）。作者住宿於箱根的強羅飯店期間完成的作品。「所謂的山中溫泉飯店，宛如於大海中航行的船隻一般。……總是在內心暗自地盼望、等待著，將有什麼新的事件發生。」

代的大泉梅治郎。大泉氏心想，鐵路開通後，以外國人為首，連帶親近西方文化的日本旅人也會由都市搭車前來。因此，於一八九六年（明治二十九年）開設仙台飯店。

無論如何，喜愛追求時髦的日本人，得以透過飯店體驗到西洋的生活方式。美食家兼喜劇演員古川綠波便鍾情於箱根的富士屋飯店，而整天泡在大阪飯店的實業家山本為三郎，對飯店的喜愛更是愈發高漲，最後甚至將名門的新大阪飯店（現今的麗嘉皇家飯店（リーガロイヤルホテル））從戰後財閥解體的困境中解救出來。

此外，也有作家認為飯店的房間適合作為工作場所，因而長期逗留。大佛次郎自一九三一年（昭和六年）起約十年間，將橫濱的新格蘭飯店（ホテルニューグランド）三一八號室作

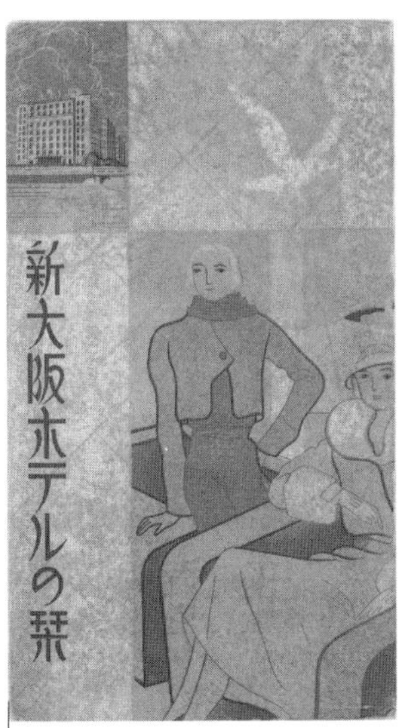

◆ 1935 年（昭和 10 年）開業的新大阪飯店之指南書，裡頭還提到「小費為客房費及餐費的一成，已算入帳單內，請注意不需再個別給予小費」之注意事項。

◆ 1927 年（昭和 2 年）開業的新格蘭飯店。照片明信片中是飯店的大餐廳（主要用餐之廳堂），洋溢著寺廟神社般的氛圍。晚餐還提供現場演奏的音樂服務，以套餐料理為主。

◆ 打著「文化飯店」名號的美倉橋文化飯店與柳橋文化飯店的介紹明信片。客房雖是6張榻榻米大小的和室樣式（餐費另計），飯店命名卻使用當時的流行語「文化」二字，想必希望帶給世人新奇之感。

◆ 上野電力飯店（開業年代不詳）。其介紹手冊上寫道：「上野大車站復興後，耳目一新。」上野車站於1932年（昭和7年）重新改裝，該飯店或許便在此時開始營業。飯店名稱則十分少見，命名緣由或許與電梯的設置有關。

為工作室。據說飯店的服務人員都將這間房間稱為「鞍馬天狗的房間」。

以「東洋最大的商業飯店，全館冷暖氣完備」為吸引人的文宣、於一九三八年（昭和十三年）在東京新橋開業的第一飯店中，則可以看見和歌詩人佐佐木信綱的身影。佐佐木氏過去會將輕井澤作為避暑之地，據說就是因為第一飯店完善的冷氣設備，而曾愉悅地表示「省去了往返輕井澤的勞苦」。

說服財閥主

另一方面，當時的領導者為了獲得世界各國的認同，也開始意識到能夠接待外國人的飯店是必要的存在。向草野丈吉（於長崎開設西洋料理店的第一人）提議創立自由亭飯店（大阪

◆帝國飯店的客房。原本預定在關東大地震當天舉行開幕慶典，是法蘭克・洛伊・萊特（Frank Lloyd Wright）設計萊特館時的作品。

的第一間飯店）的人是五代友厚；讓京都常盤飯店（後來的京都飯店，現今的京都大倉飯店）開業的則是伊藤博文；追溯築地精養軒飯店的源頭，則可以看見岩倉具視的名字；至於奈良飯店，也是參考後藤新平的意見才建造成迎賓館的樣式。而最具代表性的例子，則是帝國飯店。

外交部長井上馨為了改正與外國締結的不平等條約，採取歐化主義。首先進行的，便是建設具備住宿功能的西洋館——鹿鳴館，並召開舞會等以向外界大力宣傳，日本已躋身文明國家之列。

不過，後來井上氏卻因為政策失敗等原因辭職下台。表面上看來，其志業功敗垂成，但實際上，井上氏卻說服了財閥主們，並同時從當時的宮內省募集到資金，在鹿鳴館旁建造起另一家飯店，即為帝國飯店。飯店於一八九〇年（明治二十三年）開幕，建築甚至比鹿鳴館更加富麗堂皇，想必井上氏也心滿意足了吧。

後來，帝國飯店與築地的大都會飯店（メトロポール・ホテル）合併。以美人畫著名的畫家鏑木清方曾表示：「窺見飯店餐桌上的明亮燈火，不禁讓人想在這裡住上一晚。」[2]

花費一個月的時間製作醬料

帝國飯店完工後，成為國內外賓客的住宿場所，新的文化也開始層層累積。每年天長節[3]舉辦的晚間宴會、著名人士的結婚典禮等都會在飯店舉行。在種種活動的訓練下，帝國飯店的西洋料理技術日益精進。

日本的西洋料理，可謂從飯店內部發展起來。飯店內負責西洋料理的人才輩出，東有帝國飯店與新格蘭飯店，西有神戶的東方飯店，形成料理技術的基盤。事實上，本卷開頭所述逸事的舞台，便是東方飯店。該飯店因阪神淡路大地震而封鎖關閉前，筆者曾從大廚口中聽到下述這席話：

所謂的廚師，在過去，若沒有在東方飯店修業過，其廚師的身分是不會受到承認的。

即便到了戰後，只要在履歷表上填入帝國飯店或東方飯店等名字，資歷便如鍍上金箔一般，

◆ 東京車站飯店的酒吧與撞球室。以當時同種類的設施而言，該飯店的設備可算是十分完備。

無往不利。這樣的時代持續了很長的一段時間。

另外，以負責天皇料理而聞名的廚師秋山德藏，他在修業時代憧憬的前輩是五百木竹四郎。五百木氏的名字，在杉森久英的小說《天皇的廚師》❹中也以實名登場過：

「像你這樣，離開自己的工作崗位❺特地前來學習的人，我還是第一次遇到。」

「因為聽聞五百木先生是現今日本第一之名人。」

實際上，秋山氏和五百木氏兩人僅相差一歲，曾一同在築地精養軒飯店工作，雙方保持著良好的競爭關係。裝扮時髦、擔任東京車站飯店（東京ステーションホテル）經理的五百木氏，其拿手的燉牛肉是該飯店的招牌料理。熬煮醬料後過濾、過濾後再熬煮，這道程序必須反覆地進行一個月的時間。據說將巧克力色澤的醬料放入素燒瓶中保存，若仔細觀看，會發現醬汁表面散發的光澤，竟然還可以倒映出觀者的樣貌。

原本對庶民而言，猶如高嶺之花不可高攀的飯店，在東京車站飯店開幕後，居然一口氣拉近了距離，觸手可及。從現在開始算起，約九十年前的雜誌《建築畫報》曾報導：「東京車站飯店的繁盛昌隆，一方面可以說是日本人逐漸知悉西式飯店手續上之簡明與效率而導致的……」一九一五年（大正四年）誕生的東京車站飯店，為日本首座與車站建築連結的飯店，並且因其地理位置而受到商用旅人的厚愛。

這或許是原屬於另一個世界的飯店，向庶民跨出一步的瞬間。但是，談到飯店的利用細節，庶民們的理解又有多少呢？鐵道省在《觀光地與西式飯店》❻中，曾向使用者呼籲如下：「當服務生為你介紹住宿房間時，要記好自己房間的號碼」、「餐廳就不用說了，就算在走廊，也像在室外一樣會被他人看見。在這些場所請務必注意自己的服裝儀容是否合乎禮儀」。

對於現在的我們來說，這些都是理所當然、毋庸贅言的常識，但是對於當時初次使用飯店的人們來說，不知道的事也許多如牛毛吧！

註釋：

❶—《飯店回顧》（*Hotel Review*），1955年6月，日本飯店協會。

❷—鏑木清方、山田肇編，《明治東京——隨筆集》（明治の東京——随筆集），岩波文庫，岩波書店，1989。

❸—譯註：天長節，亦即現今的天皇誕生日。

❹—杉森久英，《天皇的廚師》（天皇の料理番），集英社文庫，集英社，1982。

❺—原引文註：當時少年德藏在華族會館（前身為鹿鳴館）工作。

❻—《觀光地與西式飯店》（観光地と洋式ホテル），鐵道省，1934。

十、

攸關性命的國內移動

日本開國後七年的一八六六年（慶應二年），法國公使透過長崎奉行向島原藩提出請求：「島原的溫泉❶岳之溫泉屬日本第一，希望能讓病人在當地進行溫泉療養。」不過，島原藩以「居民不習慣外國人的存在，恐怕會有危害貴國人的行動」之理由，拒絕法國公使的要求。❷

日本結束鎖國後，儘管經過了數年的時間，民間的狀況仍未安定，殺傷外國人的事件時有所聞。因此，即便以疾病療養為目的，外國人仍舊不被允許在日本國內旅行。

這個時期，外國人只能在居留地及其周圍十里大的限定範圍內行動遊走。

所謂的居留地，是在一八五九年（安政六年）六月公布，也就是結束鎖國當年，安政五國條約❸中約定的固定區域。在居留地內，日本無法行使警察權與行政權，換言之，等同於外國地區。外國人的行動範圍也如同上述一般受到限制。

希望能自由活動而來到日本的外國人，想必在心中有很大的不滿吧。因此，各國與明治政府進行交涉，在一八七四年（明治七年）終於取得內地旅行權。若以疾病療養以及調查研究為目的，內地旅行將可能成行（另外，外國人得以在日本國內完全地自由移動，則要待條約改正的一八九九年（明治三十二年））。

後來被稱為日本近代醫學之父的埃爾溫・貝爾茲（Erwin von Bälz）博士於一八七六年（明治九年）來到日本，是明治時代在日本國內頻繁來回移動的外國人之一。為了研究溫泉地及結核病易地療養的候選場所，他精力充沛地往返草津、伊香保、箱根、湘南及熱海地區。他曾在日記上留下：「眺望在富士山所見之景，

◆ 橫濱的花街柳巷——神風樓，在外國人之間有著良好的口碑評價。所在地址為九號，因此被外國人稱呼為「甜美味甘的第九號」（NECTARINE No・9）。

終生難忘。」❹

附帶一提，於一八六〇年（萬延元年）七月，首位登上富士山山頂的外國人，是首任英國駐日公使阿禮國（Sir Rutherford Alcock）。

精力充沛遊覽日本的外國人

不過在此之前，至明治政府成立之間，有位人物比貝爾茲更為深入地周遊日本各地——英國外交官艾內斯特・薩道義（Sir Ernest Mason Satow）。前文提到法國公使請求溫泉療養一事的隔年（一八六七年），薩道義利用外交官的特權跑遍了大阪、函館、新潟、金澤、德島、高知、下關以及長崎，是趟蒐集情報的旅行。

薩道義的祖先，出身德國北部的薩道村。他後來前往各地旅行，於一八八一年（明治十四

◆ 1894 年（明治 27 年）由野村洋三創業的武士商會，為橫濱首屈一指的骨董美術商（《建築畫報》1911 年 8 月號，建築畫報社）。建築物以閻羅王像、仁王像、大鷹像等作為裝飾，吸引外國人的目光，另一方面，也因為販賣品質精美、格調高尚的美術品而興盛昌隆。

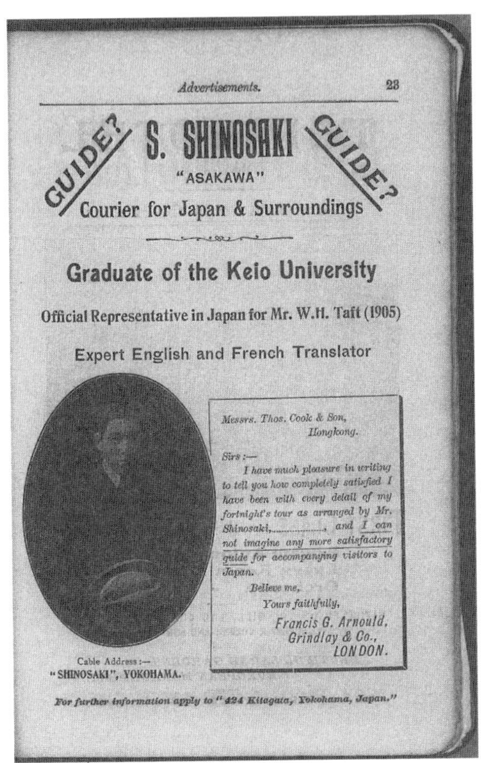

◆ 巴西爾・權伯連（Basil Hall Chamberlain）等人編著的《穆瑞的日本手冊》（*Murray's Handbook for Japan*）第九版（強・穆瑞公司，1913），其中刊載的導遊廣告。強・穆瑞公司創設於1768年，為英國的老字號出版社，同時也是發行旅行導覽書的始祖之一，其導覽手冊也成為旅日外國人的好幫手。

◆ 幕末時期基於日俄兩國的外交交涉，跟著葉夫菲米・瓦西里耶維奇・普提雅廷來到日本長崎的俄國文豪伊凡・亞歷山大羅維奇・岡察洛夫寫下的《日本旅行記》（平岡雅英譯，俄國問題研究所，1930）。譯者平岡氏於書中解說道：「雖然現在只翻譯了一小部分，但實在是饒富興味的文獻資料。」

年）與艾伯特・荷茲（Albert. G. S. Hawes）共同編著出版《中部・北部日本旅行導覽》（*A HANDBOOK FOR TRAVELLERS IN CENTRAL & NORTHERN JAPAN*）。想必是日本獨特的風土文化刺激了薩道義的好奇心，他從威廉・高藍德（William Gowland）手中取得日本中部山岳的情報，又獲得伊莎貝菈・伯德（Isabella Lucy Bird）的幫助，獲得東北地方的情報，最後再加以編輯整理，彰顯出薩道義對於日本歷史、地理、民俗以及宗教等廣大範疇的矚目與關心。

高藍德是在大阪造幣局擔任技術指導的英國冶金技師，時常登山。他因將信州及飛驒山岳命名為日本的阿爾卑斯山，而為世人所知。

伯德為英國女性，於一八七八年（明治十一年）踏上日本，至東北、北海道旅行。當時的東北及北海道在外國人眼中，幾乎是未竟之地。

◆風景明信片，題有「站立在穗高的岩頂，將其命名為日本阿爾卑斯山的威廉・高蘭德氏（William Gowland）」之文字。高蘭德於1872年（明治5年）踏上日本土地。

伯德著有《日本內地紀行》（*Unbeaten Tracks in Japan*），[5] 其受到日本研究者巴西爾・權伯連（Basil Hall Chamberlain）的稱讚，就連在東北農村長大的譯者也讚不絕口，認為「她所描繪的日本，即使到了百年後的現在，讀來仍舊津津有味」。薩道義的旅行導覽書在十年後，其第三版的內容由權伯連改訂，現今可以藉由譯本[6] 得知當時的日本究竟被如何看待。

每日，日本樣式都在逐漸消退，西洋樣式則日益興盛。不過，日本的個性仍舊保存著，特別在社會下層階級的服裝、禮儀以及信念上展露無遺。想要親眼目睹日本許多舊有事物與風采的旅人，刻不容緩，請加快來日的腳步。

裹著神秘面紗的國家

權伯連在一八九一年（明治二十四年）出版的旅遊導覽書中，雖然呼籲旅行者要盡快來日，但之後對許多外國人來說，日本仍舊是個充滿魅力的國家。一九二二年（大正十一年）來到日本的理論物理學家愛因斯坦（Albert Einstein）博士曾說道：

當周圍的人們得知我受邀至日本時，都欣羨不已。感受到周遭如此羨慕的眼光，這是我在柏林的時候從未有過的體驗。

當時沒有第二個國家像日本這般包裹著神秘的面紗，因此能夠前往日本的博士，則成為眾人羨慕的對象。❼

博士在日本停留四十三天，這段期間，他對日本懷抱的期待並沒有受到背叛，他深刻地感受到日本人與自然環境緊密結合的藝術感，以及人心的和善。博士十分享受這段旅程，充實的行程也讓他在離開日本前「疲憊不堪」。

博士旅行期間也曾落腳旅館，據說福岡的榮星旅館為了接待博士，特地鋪上了八條棉被。將棉被重複鋪疊的方式，究竟是這間旅館獨創的妙思，抑或是其他旅館開始的做法，不得而

◆日光金谷飯店發行的日光英文導覽。京都飯店也以同樣的型態發行導覽手冊。

知。但將棉被鋪疊與床鋪同高，讓博士舒適地歇息，想必來自飯店方面的體貼用心。

即便如此，對外國旅人而言，這類飯店的存在也同時造成了困擾。來自國外的旅人逐漸增加，導致許多飯店、旅館紛紛開始以「某某Hotel（ホテル）」命名。不少外國人聽見「Hotel」，便以為飯店內有完善的西洋式設備，決定將該飯店納入旅行計畫的住宿地點。但一旦踏入房間，才發現竟然是傳統的日式旅館，因而深感困窘。儘管日式飯店對外國旅客而言，是得以體驗異國風情之處，但在住宿設施的方便程度以及隱私上，似乎還是西式飯店較為周全。

有鑑於此，日本飯店協會於一九〇九年（明治四十二年），請求內務省頒布禁止使用「Hotel」作為旅館名稱之命令。內務省也接受

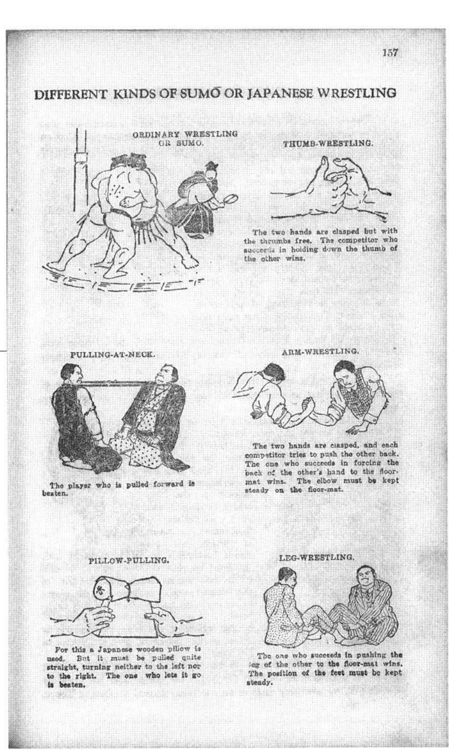

157

DIFFERENT KINDS OF SUMŌ OR JAPANESE WRESTLING

ORDINARY WRESTLING OR SUMO.

THUMB-WRESTLING.

The two hands are clasped but with the thumbs free. The competitor who succeeds in holding down the thumb of the other wins.

PULLING-AT-NECK.

The player who is pulled forward is beaten.

ARM-WRESTLING.

The two hands are clasped, and each competitor tries to push the other back. The one who succeeds in forcing the back of the other's hand to the floor-mat wins. The elbow must be kept steady on the floor-mat.

PILLOW-PULLING.

For this a Japanese wooden pillow is used. But it must be pulled quite straight, turning neither to the left nor to the right. The one who lets it go is beaten.

LEG-WRESTLING.

The one who succeeds in pushing the leg of the other to the floor-mat wins. The position of the feet must be kept steady.

◆《我們日本人》（*We Japanese*）（富士屋飯店）。1934年（昭和9年）發行第一版，分為兩冊，共花費了400頁以上的篇幅，詳細介紹日本文化。由於飯店長年接待外國旅客，經常被問到關於日本風俗習慣的問題，因而出版該書。圖中為1947年發行的第七版。

◆ 於 1934 年（昭和 9 年）開業的琵琶湖飯店之英日會話集。以英文「How much is the fare ？」（票價是多少），日文「Ryokin wa ikura desu ？」的形式，收錄 50 句會話對照。

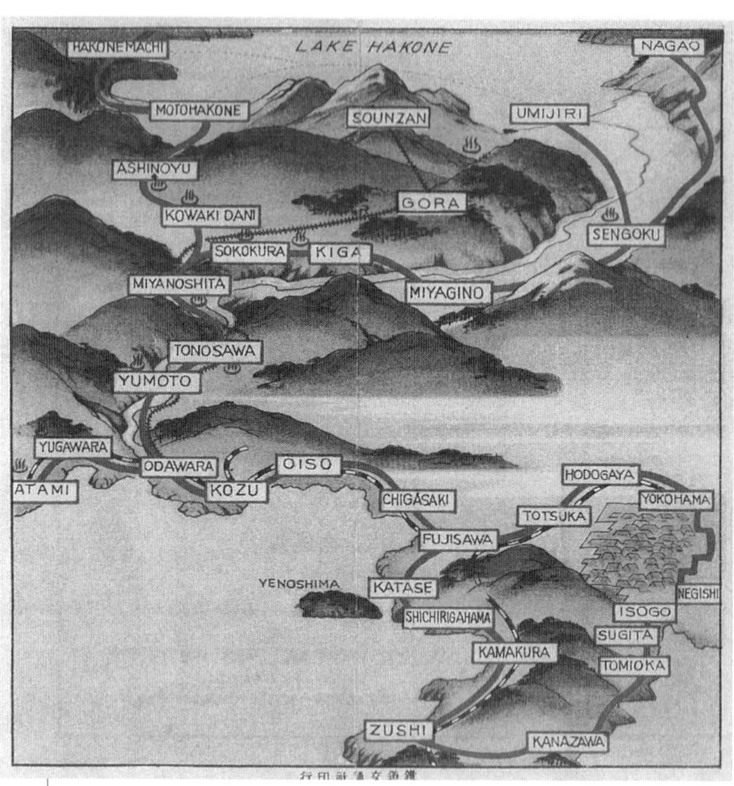

◆ 橫濱至箱根、宮下之間的公車導覽，是富士屋飯店的子公司——富士屋汽車股份有限公司的英文導覽。一天有 2 班車，直達車為下午兩點半，由橫濱發車，3 小時後抵達宮下。

請願，向全國下達。而日式旅館的宣傳，則應該改用旅館的日文發音「Ryokan」，或英文的日本風格飯店「Japanese-Style Hotel」之名稱。

另一方面，各飯店也為了迎接外國旅客，花費許多心思。例如富士屋飯店在菜單背面附上介紹日本文化的文章、琵琶湖飯店則編了英日對話集。

親切的車伕是快樂的源泉

前文提及的權伯連，也誠懇地對外國旅人提出忠告：「在住宿費及人力車費用上，外國人最好比日本人支付更高的金額。」其理由為外國旅客在生活方式上與日本人有諸多不同之處，或許會給飯店帶來許多麻煩，且外國人的體重大多比日本人重，車伕必須花費更大的力氣拉車。

搭乘人力車，也是讓外國旅客享受異國情調的一大樂事。伯德在《日本內地紀行》一書中寫道：「車伕的親切及禮貌，總是成為我快樂的源泉。」

愛禮莎・西德莫爾（Eliza Ruhamah Scidmore，以提案在華盛頓的波多馬克河畔〔Potomac River〕栽種櫻花而聞名）於一八八四年（明治十七年）首次來到日本，著有《日本・人力車旅情》，❽對人力車有如下評論：

◆ 妝點日本近代風景的人力車。照片明信片為共乘車（兩人乘用），在東京府內，曾比一人乘坐的人力車數量還多（齋藤俊彥，《人力車》，產業技術中心，1979）。

在國內美國人支付一天份的馬車費用，在這裡可以抵用一週的時間，以車資的價格來說，可謂十分地合理恰當。搭乘舒適，宛如坐在有扶手的椅子上奔跑移動，不，更有點像個人用、可以搬運的寶座，這就是人力車。

黃昏時分還在郊外奔走的車伕們，在前進的同時也不斷地細心告知、叮嚀乘客。像是經過前車留下的車輪痕跡時，或道路上的小凹洞、裂縫缺口等，就連即將接近路口也不忘叮囑。這些喊叫聲……甚至充滿音樂性。

關於人力車的起源，西德莫爾寫道：「那種大型、兩輪的箱型嬰兒車，是美國人發明的。」不過，當人力車成為日本近代不可或缺的風景之後，隨即向世界各國輸出。賞勳局[9]於一八七〇年（明治三年）表彰最早製造、推廣人力車的和泉要助、鈴木德次郎、高山幸助三人。

其貌不揚但工作能力超群出眾

對外國旅人而言，另一項不得不假他人之手的，便是旅途的導覽。前文提及的伯德，其導遊雖是位其貌不揚的青年，卻是位值得信賴、精力充沛的旅伴。其著作的譯者也在書中敘述：「若沒有這位男子同行，她可能無法從這趟花費數個月的大旅行中平安歸來。」

說到其貌不揚的導遊，便讓人聯想到曾協助華特・韋士頓（Walter Weston，有日本近代登山之父之稱）的獵人上條嘉門次。嘉門次誤踩蜂窩之時，韋士頓記述道：「本來就已經長得夠醜了，這個時候的樣子更顯得青面獠牙。」⑩然而，當時的韋士頓也被蜜蜂螫刺，同屬於被害者的立場，反而拉近了兩人的距離。其後，對於嘉門次的體型、走路姿勢以及敏捷的行動，韋士頓雖然會嘲笑說嘉門次的祖先應該是類人猿，但韋士頓還是被嘉門次吸引，同時也體驗了日本山岳的宏偉壯麗。

導遊的登場出乎意料地早，據傳在一八六八年（明治元年）就已經是一個重要的角色，對飯店等住宿設施也有發言的權利。日光金谷飯店的金谷真一在《與飯店一同的七十五年》⑪中回憶道：「導遊就像獨裁者一般地頤指氣使，

◆ 攀登穗高岳途中的嘉門次與韋士頓（中央者為隨行翻譯）。照片明信片中雖然標記為加門治（圖左），但一般的標記為嘉門次。韋士頓以傳教士的身分，第一次來到日本的時間為 1888 年（明治 21 年），其後力勸小島烏水等人設立日本山岳會，於 1905 年獲得實現。

甚至連飯店的料理也出口干涉。」還說若是得罪了他們，他們就會欺騙客人「金谷飯店已遭祝融之災，燒毀不見了」，然後把客人帶到其他飯店去，讓人吃盡了苦頭。

另外，導遊在古董店也很吃得開，能夠隨意地哄抬價格，賺取高額的仲介費。也因為如此，導遊的收入增加了，人品卻愈漸低下。金谷氏甚至憂心：「其惡行惡狀日益加劇。……讓這種品行不端的傢伙在賺取外幣的第一線上，整天跟在客人身邊，對日本的信用帶來了很大的問題。」

為了改善上述狀況、整備接待外客的環境，相關業界開始動作。一九一二年（明治四十五年），集合各交通機關以及飯店、名店等，設立了日本旅行協會（十五年後法人化）。

其實，一八九三年（明治二十六年）已經

◆日本料理英文導覽《日式烹調筆記》（*NOTES ON JAPANESE CUISINE*）（日本旅行協會，出版年不詳），解說壽喜燒、烤鰻魚、天婦羅、蕎麥麵等料理。

由澀澤榮一、益井孝等人，於東京商工會議所內設置了招攬外國旅客的機關——喜賓會（Welcome Society），但為了強化活動的推行，仍舊期待新組織的成立。

時代進入大正年間，環遊世界一周的觀光船在日本靠岸，外國旅客的人數順勢成長。日本旅行協會以觀光團旅客為對象進行意見調查，以項目分類，詢問外國旅客印象最深刻的國家。結果，在十二個分類項目中，日本在優美的國家、婦女、山岳以及寺廟神社的項目取得第一位。東洋的島國間，以充滿異國情調的日本廣為世界各國所知，也引來各國對於日本文化的關心及興趣。

日本旅行協會於一九三五年（昭和十年）發行《外國人眼中日本的側臉》，[12]其中收錄了六十一篇文章，是自一九一三年（大正二年）

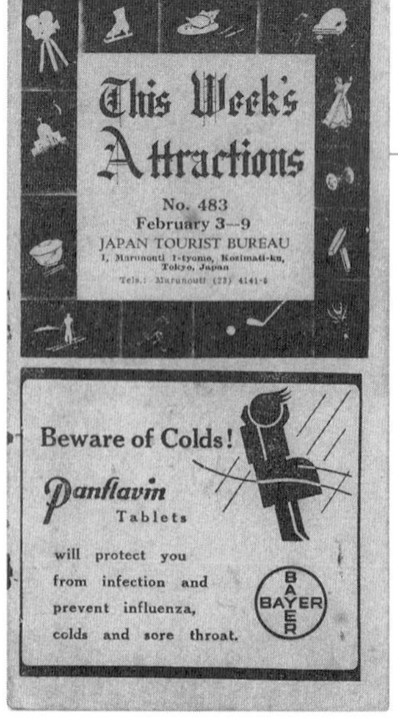

◆1939年發行的《本周熱門情報》（*This Week's Attractions*）（日本旅行協會），以週刊的形式刊載電影、戲劇、音樂及運動等情報。

◆「和服與腰帶市場」公司（THE KIMONO&OBI MARKET）以外國人為對象所發行的宣傳單（發行年代不詳）。店鋪位於東京岩本町，宣傳日本之美並非只在日光、富士山以及宮島等觀光勝地，和服及腰帶也是日本美的象徵。當時長袖和服的價格為30日圓以上。

《旅行》機關報創刊後，由海外投稿人、記者、有志之士以及旅行業界相關人士撰寫的文章。全書篇幅約八百頁。

書中揭示了「唯獨日本才能散發出的古色素雅氣息」、「新日本帶有的古老魅力」、「快建造豪華完善的飯店吧」等意見，想必也有助於更加深入理解外國旅客的心情吧。

註釋：

❶—原引文註：島原的溫泉，指雲仙一帶。

❷—長崎縣衛生公害研究所編，《雲仙・小濱溫泉誌》，長崎縣小濱町，1990。

❸—安政五國條約，幕府與美國、英國、法國、俄國、荷蘭五國締結的通商條約。

❹—前揭《貝爾茲的日記》。

❺—伊莎貝菈・伯德著，高梨健吉譯，《日本內地紀行》（日本奥地紀行），東洋文庫，平凡社，1973。該書譯註：*Unbeaten Tracks in Japan*，意指日本的未竟之地

❻—巴西爾・權伯連、威廉・梅森著，楠家重敏譯，《權伯連的明治旅行導覽——橫濱・東京篇》（チェンバレンの明治旅行案内——橫濱・東京篇），新人物往來社，1988。

❼—阿爾伯特・愛因斯坦著，杉元賢治譯，《愛因斯坦在日本談論相對論》（アインシュタイン日本で相対論を語る），講談社，2001。

❽—愛禮莎・西德莫爾著，恩地光夫譯，《日本・人力車旅情》，有鄰新書，有鄰堂，1986。

❾—譯註：賞勳局，隸屬於內閣府，負責勳章、褒獎等典禮事務。

❿—華特・韋士頓著，山崎安治、青木枝朗譯，〈日本阿爾卑斯的登山與探險〉（日本アルプスの登山と探検），收錄於《新編日本山岳名著全集》第一卷，三笠書房，1976。

⓫—金谷真一，《與飯店一同的七十五年》（ホテルと共に七拾五年），金谷飯店，1954。

⓬—日本旅行協會翻譯、編輯，《外國人眼中日本的側臉》（外人の見た日本の横顔），日本旅行協會，1935。

十一、

設置於飯店的展望台

日本迎接新時代的瞬間，也就是年號即將更換為明治的前夕一八六八年（慶應四年），首間由日本人親手設計建設的飯店——築地飯店誕生了。飯店是由二代清水喜助設計，連建築細部也採用和風裝飾，其幽美的外觀，也成為許多彩色木板畫的主題，引起庶民們的矚目。其中，更為特別的是，飯店建築的中央設有瞭望台。

瞭望台意即展望台，高十八公尺。當時的飯店，可以說是專門提供給外國人使用的場所。不過，在山田風太郎的小說〈怪談築地飯店〉❶中，則有如下敘述：

> 從未在這麼高的地方俯瞰東京。就連溝渠環繞起來的外國人居留地，也能盡收眼底，彷彿可以用手掌抓取眼前這片風景。

說到能俯瞰市街的場所，過去大概就只有城內的天守閣以及

(一六九)　　高處遊覽

◆ 在比叡山山頂以望遠鏡眺望遠景的人們。想由高處眺望景色，或許就是人類的基本慾望。

消防專用的望樓而已。然而，這些場所僅有少部分的人才能登上。新時代的明治，可以說讓人們開始能夠俯瞰市街，是賦予全新開放感的時代。

其後，於一八九〇年（明治二十三年）十一月，東京淺草的凌雲閣正式完工。對當時的人們而言，在這座建築的高度上便有如凌駕於雲霧的感覺吧。高度為五十二公尺，共十二層樓高，世人們懷抱著欣羨與親切之感，將凌雲閣稱為「十二樓」。

事實上，在凌雲閣完工的前一年，大阪也建造了九層樓高的凌雲閣。另外，在一八八八年（明治二十一年），大阪就已完成了五層樓高的眺望閣。

東京地區當然也不落人後。淺草於一八八七年（明治二十年）以木骨灰漿之形式仿造富士

◆ 用望遠鏡觀看的人所能見到的琵琶湖景色。4 張風景明信片為一組，拼湊成景，而此圖為最右端之景。

山，建造了高三十六公尺的富士山參觀處。翌年，據說由東京本所地區木材商建造的五層樓高之奧山寺，移建至淺草的花屋敷遊樂園，吸引了許多人潮。這個時候，城市的人們都期待能夠登高望遠。

接著，就是前述在高度上超群出眾的「十二樓」凌雲閣之登場。也有一說指出，凌雲閣的建造，是受到前一年在巴黎完工的艾菲爾鐵塔的刺激。

電梯的發明

造訪凌雲閣的民眾，首先要搭乘電梯至八樓，再爬樓梯至最上層。也有人不只單純地以雙眼眺望眼下景色，甚至還自備望遠鏡，一望遠處風景。想必首次看到美景的民眾，一定忍不住

◆ 設計凌雲閣的英國人威廉・巴爾頓（William Kinninmond Burton），於1877年（明治20年）來到日本，原本的職業為水道技師。

驚嘆歡呼吧。

前段雖然輕描淡寫地帶過，但日本初次設置電梯的地方其實便是凌雲閣。可惜的是，據傳因為常常故障，且噪音極大，設置不到半年便撤去不用。

無論如何，仔細思考一番，若沒有發明電梯，那麼像凌雲閣這類高層建築的建設，也是無法完成的任務。電梯撤去後，入場者要抵達最上層，必須辛苦地一步一步爬樓梯，不過凌雲閣的建設，還是揭開了之後高層建築時代的布幕。

那麼，世界第一台架設的電梯是在何處？何時？又經由何人之手呢？是一八五七年（安政四年）於紐約五層樓高的大樓，由艾里沙・歐提斯（Elisha Graves Otis）設置，這也使得人類長久以來向高度挑戰的夢想成為可能。實際上，電梯的出現也讓建築物逐漸邁向高層化。其所創設的歐提斯公司，於一九三一年（昭和六年）在當時世界紀錄最高的紐約帝國大廈（一百零二層樓高，高度為三百八十一公尺）內，設置了七十四台電梯，一分鐘的速度可達三百六十公尺。❷

受到反對的高塔風景

前文提及的艾菲爾鐵塔，當初在建設時，曾在知識份子之間掀起一股反對運動，被批判為無用之怪物、發狂的金字塔。然而到了今日，卻已經無法想像缺少艾菲爾鐵塔的巴黎會有怎麼樣的街景。

究竟發生了什麼變化呢？田口武一工學博士分析指出，原因或許在於一種「習慣的美學」，[3]也就是因習慣而減少了違和、失調的感受。確實，經年累月之後，可能會產生「移情作用」。毋庸贅言，原因也包含了時代的價值觀、周邊環境的變化，以及鐵塔與建築物的設計等，但是以人們的心理因素作為出發點，實在是饒富興味的分析。

一九一〇年（明治四十三年），和歌山縣的風景名勝——和歌浦的奠供山，由飯店望海樓設置了日本最初的觀光用電梯。據傳當時，夏目漱石批評道：「一點兒也不合適，是個煞風景的裝置。」[4]好景不長，觀光用電梯在六年後撤去，撤去的直接原因不明。或許將夏目漱石的批評視為馬耳東風，觀光用電梯可能會更長壽一些吧。

空前規模的鐵塔建築

談到好景不長，近代的高塔說巧不巧，彷彿都被厄運纏身。前述和歌浦的觀光電梯壽命短促，淺草的「十二樓」也在關東大地震時毀壞崩塌。

大阪的通天閣於一九一二年（明治四十五年）誕生，由三百五十噸的鐵材建成，高七十五公尺，為一大娛樂設施「新世界」的象徵。利用內國勸業博覽會留下的廣大土地，同時也是大阪

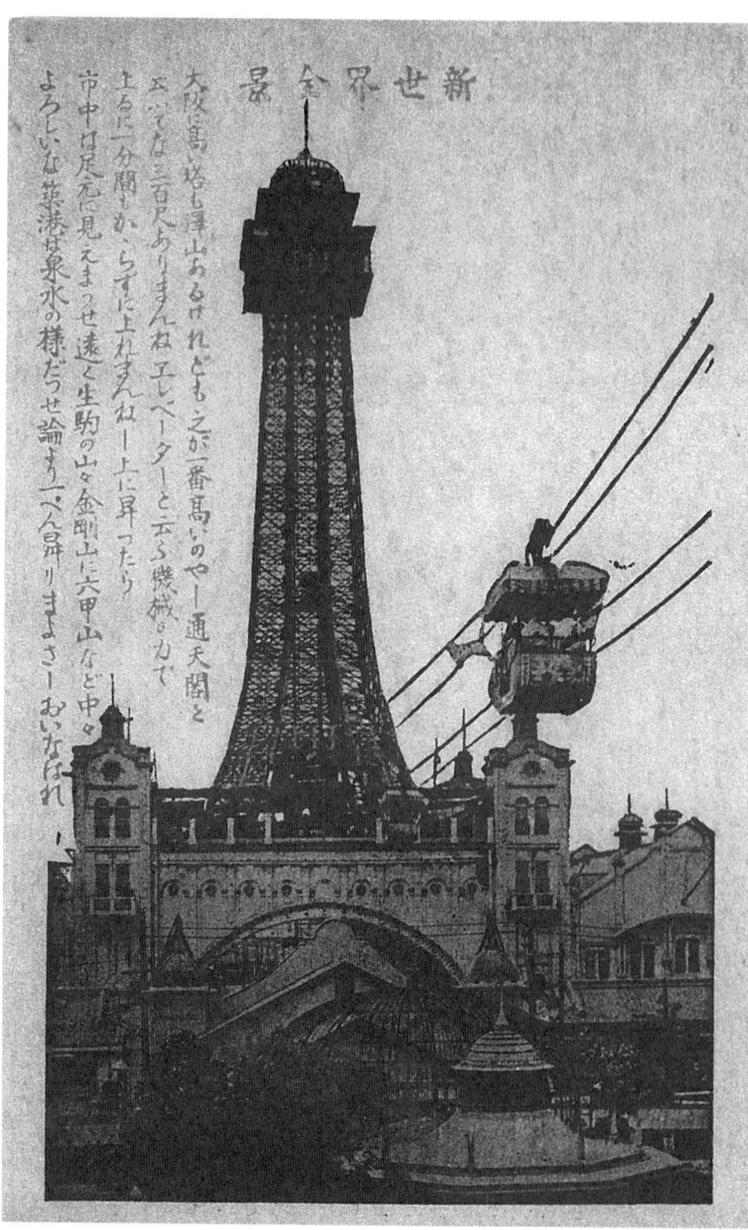

◆1912年（明治45年）完成的第一代通天閣，高75公尺，組合了凱旋門及艾菲爾鐵塔之形象建造而成。圖中也可以看見日本的首條纜車。

政界及財界主辦的計畫，鐵塔的規模可謂盛大空前。

通天閣的命名者為漢學家藤澤南岳，藤澤氏也是口腔清涼劑「仁丹」的命名者之一。鐵塔建設過程中，正如同名稱一般，彷彿可以通抵天庭，成為浪花之子❺的關注目標。一開業，便車水馬龍、往來如織，十分繁盛。

通天閣也發行了數種美術明信片，其中有宣傳文句如下：「不僅可以看見住吉與築港，就連市內景色也幾乎盡收眼底。」此外，也有霓虹燈點綴的絢麗夜晚，宛如幻想的景色一般。

雖然通天閣與新世界進行了如此大張旗鼓地宣傳，但不久還是苦惱於客源的開發，或許與開業不久明治天皇的崩殂有關。

到了大正時期中葉，經營狀況漸趨好轉。為了進一步改善收支狀態，排除有礙景觀的反對聲浪，決定於鐵塔的側面貼上「獅王牙刷」的廣告文字。

然而，新世界的遊樂園「月亮公園」（Luna Park）還是因經營不振，於一九二五年（大正十四年）倒閉，通天閣也於一九三八年（昭和十三年）轉賣給吉本興業公司。

五年後，通天閣發生火災，也正因處於戰時體制，便為了提供鐵材而拆毀解體。果不其然，通天閣最終也走向厄運之途。儘管如此，通天閣的存在感仍舊深植人心，後來於一九五六年（昭和三十一年）再建。

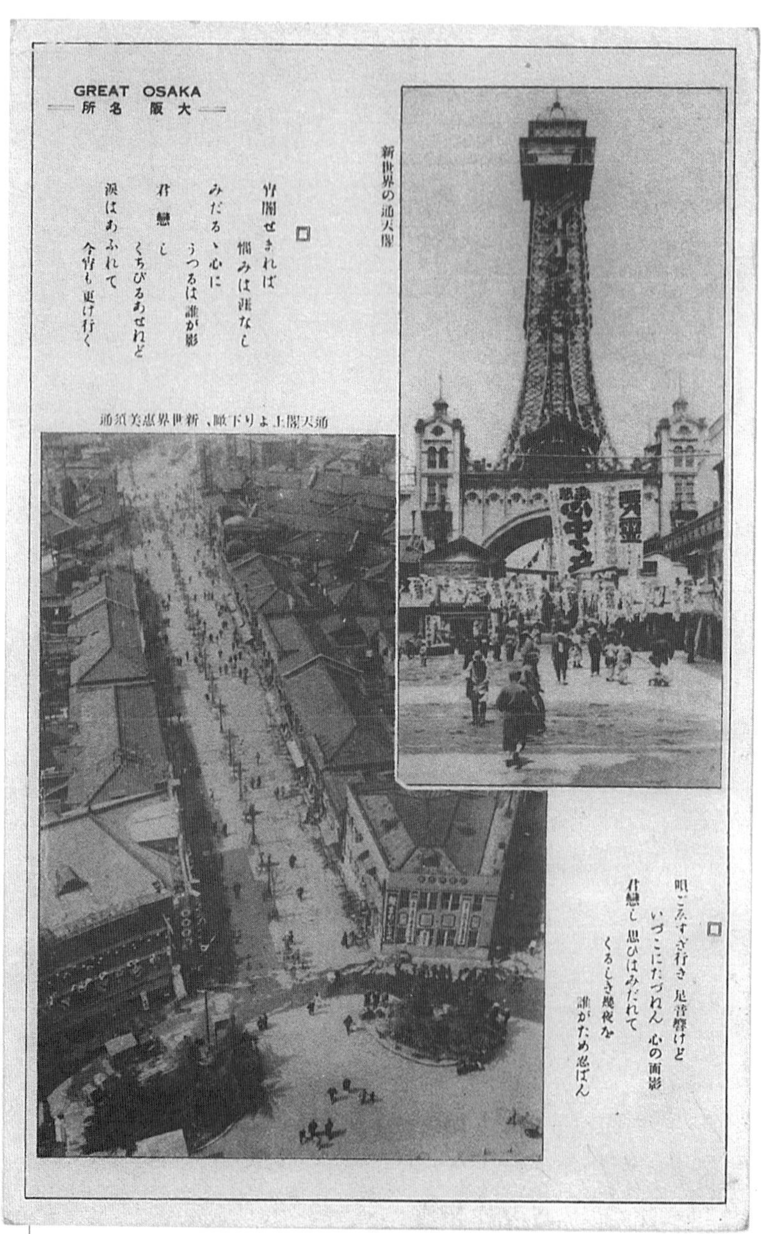

◆ 由通天閣一眼望去，是新世界的惠美須道路之景色。通天閣的下方為半圓形的廣場，如同巴黎的街道設計一般，道路以放射狀的形式向外擴散。

◆ 神戶的湊川遊樂園塔。1924 年（大正 13 年）完工，高 91 公尺，據說當時以東洋第一高塔而自豪。

◆ 叡山空中纜車的導覽書。工程由賽羅提・檀哈倪公司承包，乘載人數的限制為 20 人。1944 年（昭和 19 年）被認定為不重要也無迫切需求的設施，因而拆除。

「附近的景色成為囊中之物」

話說回來，「新世界」最初在建設時，也設置了日本首條空中索道（亦即空中纜車）。對於空中索道之歷史有深入研究的齋藤達男，於《日本近代的空中索道》❻一書中寫道，新世界引入了空中索道業界的先驅——義大利的賽羅提・檀哈倪公司（セレッティ・タンハニー社）的產品。據說是將十八年前米蘭博覽會中吸引眾人目光的新興交通工具，原封不動地導入日本。空中索道的架設，連結了遊樂園「月亮公園」的象徵——白塔（White Tower）——與通天閣之間的距離，遊客在空中來回移動的同時，可以眺望腳下的景色，其新奇與刺激感成功擄獲了入場遊客的心。

接著架設空中索道的地方，是一九一四年（大正三年）於東京上野開辦的東京大正博覽會之會場。博覽會除了設置手扶梯造成話題之外，當時還將運行於不忍池上空的空中索道，稱呼為空中纜車。同年四月二十八日《東京日日新報》傳達的測試運行狀況，透露出對上野空中纜車的歡迎：

車廂如同花電車一般，以櫻花、風車以及五彩緞帶裝飾，附近的景色成為囊中之物，涼風輕撫，正是接下來這個季節遊覽的好去處。

◆ 1933 年（昭和 8 年）開通的日光明智平架空索道（290 公尺），是為了讓旅客能夠眺望華嚴瀑布而設置的纜車。戰爭時期，成為不重要也無迫切需要的設施而拆除。

根據前述齋藤達男的著作，上野空中纜車的架設由中央工業所負責，而中央工業所正是空中索道技師原晉一創辦的。大阪「新世界」的空中索道是與德國技師合作架設而成，由此可見，上野空中纜車為首條日本人自辦的索道設施。然而，因為工程延宕、故障頻傳、載運乘客的車廂過小等問題，不能算是一項成功的工程。原氏本來就以設計運送貨物的纜車為專門領域，上野空中纜車或許也是中央工業所的一項宣傳工程之一。

十四年後的一九二八年（昭和三年）十月，比叡山上也架設了空中纜車。根據《日本近代的空中索道》，該設施「以運輸乘客的空中纜車而言，在時間先後順序上排名第六，但在以運輸旅客作為營運目的上，則排名第三」。根據負責運駛的京都電燈叡山電鐵課發行的旅遊

◆ 1932 年（昭和 7 年）開通的二見浦旅客索道（260 公尺），為了讓旅客能眺望伊勢灣而設置。戰爭時期，同樣被認為是不重要也不迫切的設施而拆除。

導覽書，搭乘空中纜車，從高祖谷至延曆寺之間約六百四十二公尺的距離，只需四分鐘的時間。

其後，吉野山、六甲山、日光、琦玉縣三峰山中也架設空中纜車，讓旅客自空中眺望絕美的景色。變種的空中纜車，則是一九三二年於東京淺草的松屋頂樓設置的遊覽索道，其流線型外觀的車廂十分討小孩們的歡心。

註釋：

❶— 山田風太郎，〈怪談築地ホテル館〉，收錄於《明治斷頭台》，筑摩文庫，筑摩書房，1997。

❷— 日本歐提斯電梯公司編，《電梯・手扶梯物語》（エレベーター・エスカレーター物語），日本歐提斯電梯公司，1981。

❸— 田口武一，《能變美的建築與無法變美的建築——習慣的美學》（美しくなれる建築なれない建築），彰國社，1993。

❹— 和歌山市立博物館編，《和歌浦——景色變遷　二〇〇五年秋季特別展（第三十一屆）》（和歌浦——その景とうつりかわり０5秋季特別展〔第三十一回〕），和歌山市教育委員會，2005。

❺— 譯註：浪花之子，意指大阪人。

❻— 齋藤達男，《日本近代的空中索道》（日本近代の架空索道），日冕社，1985。

十二、路面電車

京都的榮譽第一號

過去的日本，曾是路面電車的天堂，在許多都市中代替著市民及旅人的腳步，縱橫四方。路面電車鼎盛的昭和初期，於日本全國六十五個都市中，約有一千四百八十公里長的路線軌道。在東京，若是電車滿載，甚至還可以看見乘客們身體懸在車廂外的光景。

一八九〇年（明治二十三年）五月，於東京上野舉辦的內國勸業博覽會上，路面電車在日本國內首次登場。其後，被譽為「孕育路面電車之父」的藤岡市助，從美國購入兩台電車，使之行駛於四百公尺長的軌道上。在當時的東京，馬車鐵道要一路踢開馬糞方能前進。自從一八八二年（明治十五年）起，最初的馬車鐵道於新橋—日本橋開通後，便成為市民的代步工具。因此，當出現以電力為動力行駛於路面的交通工具時，市民們的驚訝程度，可想而知。

在內國勸業博覽會召開後的第五年，路面電車開始在京都運

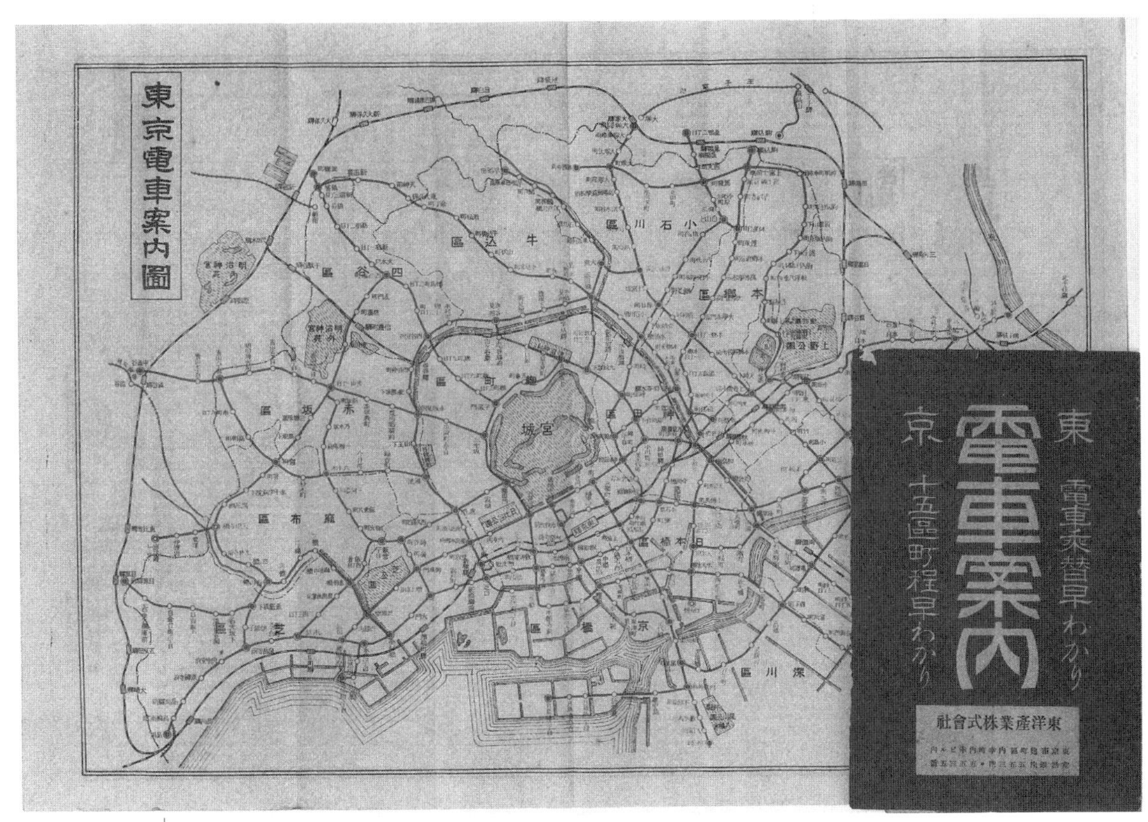

◆ 東洋產業所發行的導覽圖《東京電車導覽——快速理解電車換車及十五區町》，為 1932 年（昭和 7 年）合併周邊地區成為「大東京區（35 區）」之前的導覽圖。裡頭密密麻麻地記載了各個停車車站的站名。

行。為何不在東京？據說因為當時的東京，在法律的整備上遲遲未達完善，且存在著政治性的權力鬥爭。

另一方面在京都，蹴上發電廠的供電系統完備、道路平整易於鋪設軌道，加上即將召開內國勸業博覽會的背景，都成為架設路面電車背後的推力。世界最早的路面電車在一八八一年（明治十四年）於柏林開始行駛，並在十四年後，實現於日本。雖然當時，行駛距離只有短短的六點七公里（後來十年間延長了五十公里），但還是引起市民們的關注，直說「了不起的東西出現了」。而且，除了車站以外的地方，乘客也可以自由地上下車，可說是搭起來十分悠然自適的交通工具。車掌會於停車時搖鈴一聲，發車時搖鈴兩聲，因此很快地便出現「鈴鈴電車」（ちんちん電車）的稱號。

◆ 早先一步運行路面電車的京都。這張照片明信片，拍攝出京都車站前百貨公司與東本願寺的景色。

◆與板車一同運行的銀座路面電車。圖片右方是京屋時鐘店銀座支店的時鐘塔。

夢幻的雙層電車

以京都為首，路面電車的架設漸漸地遍及全國。

出乎意料地早，一九〇〇年（明治三十三年）就開通了大分—別府的路線，相中前來別府溫泉的觀光客。也因為如此，觀光客得以在旅途中享受別府灣風光明媚的美景。

三年後的八月，路面電車也於東京開始營運。東京電車鐵道首先開通了新橋—品川路線；一個月後，東京市街鐵道開通了數寄屋橋—大手町—神田橋的路線；翌年，東京電氣鐵道開通了土橋—御茶之水路線。各稱為東鐵線、街鐵線、外堀線，彼此曾上演過一場乘客爭奪戰，但不久都合併為東京鐵道，接著於一九一一年（明治四十四年）遭東京市收購，成為東京市電。此時，電車數量竟多達一千零五十四輛，軌道長度則長達一百九十二公里。

附帶一提，同年年底，由於職員不滿於東京鐵道支付的遣散費，因而發起罷工運動，全線電車停駛。這也是日本交通史上的首次罷駛運動。

除此之外，獅子文六於《鈴鈴電車》❶中，記述著一九〇五年（明治三十八年），也就是上述三家公司皆已設立之時，〈電車唱歌〉❷問世、傳唱於大街小巷的情形。〈電車唱歌〉恐怕是仿效〈鐵道唱歌〉而作。

東京路面電車開始營運的同一年，大阪也出現了路面電車。不過，大阪的路面電車並非民營，一開始便屬於市營之市電，同時也是最早的市電。從花園橋至築港之間，設有十幾個車站，全程行駛約二十六分鐘。

說到最早，雙層電車最早也是出現在大阪市電。車廂上方的周圍加上欄杆，設置椅子，採露天形式。夏日十分涼爽，被稱為「納涼電車」，然而，能眺望到周圍景觀雖好，卻也招來沿線居民的抱怨，認為家裡已經完全暴露在乘客眼中。最後，這個難得的設計構思也落得短命早夭的下場。

車資削價競爭

路面電車行駛於街道上的風景，看在現代人的眼裡，或許是十分悠然閑靜的畫面。不過，在檯面下上演著乘客爭奪戰的，除了東京之外，

◆江之島電氣鐵道（通稱江之電）於1902年（明治35年）開通藤澤—片瀨，8年後至鎌倉，全線開通。左邊可以看見江之島。

◆配合節日慶典，利用路面電車軌道運行的花電車，於街庄內大受好評。一開始只是將一般電車以彩燈裝飾，後來則一年比一年華麗。這張美術明信片上標記著「街鐵」，應為東京市街鐵道的花電車。

還有以道後溫泉聞名的松山。

在松山，伊予鐵道與松山電氣軌道幾乎併行行駛，因此產生問題：兩方招攬顧客的宣傳人員、職員爭執衝突，甚至出現了車資削價大戰。

無論如何，對市民以及在市內移動的旅人而言，路面電車已經成為十分便利的交通工具，其喜愛搭乘的程度，也呈現在替車輛取綽號、小名的行為上（從外觀形式上）。東北最早的路面電車——花卷電氣軌道——因為車頭窄長，而有「馬臉」之別稱。

時至今日，最受人喜愛的則是廣島的路面電車。為何廣島的路面電車能夠繁盛至今？即便在廣島，也和全國一樣面臨相同的趨勢，受到汽車大眾化的影響，路面電車誤點狀況頻傳，亦曾有意廢止。不過，經營路面電車的廣島電鐵不斷地與市政府及警察署交涉，要求禁止汽車進入路面電車的軌道內。結果，成功解決了因塞車而導致的誤點，並贏得乘客們的支持。

註釋：

❶— 獅子文六，《鈴鈴電車》，朝日新聞社，1966。

❷— 譯註：〈電車唱歌〉以歌詞傳達電車路線、站名等，以歌唱方式宣傳，深植人心。

十三、鐵道旅行

空前絕後的大流行歌曲

汽笛一響，汽車駛離新橋，進入愛宕山鞍部，明月伴旅途……

這是一九〇〇年（明治三十三年）問世的〈鐵道唱歌〉中第一小節的歌詞。現在的年輕人應該幾乎沒聽過，但是在當時，這首歌曲的流行程度可謂空前絕後。究竟，其流行的原因何在？

〈鐵道唱歌〉原先的出發點，是大阪的某出版社經營者，希望能在享受歌曲樂趣的同時，還能讓人理解日本的地理知識。在這之前也有〈火車之旅〉（汽車の旅）一曲，雖為世人所知，但部分歌詞粗俗不雅，因此重寫曲調，摸索、創作出新的歌曲。

作詞者為抒情詩人大和田建樹，作曲者為大阪師範學校的音樂教師多梅稚。大和田氏至全國各地踏查採訪，寫成東海道篇及九州篇等，最後完成到第五集，共三百四十一首歌曲。據說

◆ 最初行走於新橋—橫濱的火車，由英國的伐爾勘鑄造公司（Vulcan Foundry）製造。於 1911 年（明治 44 年），曾一度被賣給私鐵島原鐵道。

歌集的總發行量達二千萬部，可說是全國各地、大街小巷，人人朗朗上口的程度。

甚至，還有樂隊列車行駛於日本各地進行宣傳活動。雖然這算是大流行的原因之一，但在當時，鐵道與日本經濟及軍事息息相關，也因此造成大眾對於鐵路事務的矚目與關心。

一八七二年（明治五年），日本首條鐵道誕生。新橋—橫濱路線的行駛時間為五十三分，途中設有品川、川崎、鶴見、神奈川車站。過去，在這段距離搭乘人力車需要七小時，徒步則要花費十小時，因此，只要五十三分鐘便能抵達的速度，想必驚為天人。

然而，由於當時的車資高昂，乘客多以外國人、官員、特權階級的人們為主。其後，隨著鐵路軌道迅速延長，大眾化也跟著向前推進。即便有著一等、二等、三等車廂的差別，或許

◆第一代的「新橋停車場」，是接收伊達家的房屋等建設而成。設計者為美國的布里權斯（Bridgens R.P.）。「橫濱停車場」也具相同的構造。

應該說，也正因為存在著這種差別，才增加了乘客的數目。❶

一九〇一年（明治三十四年），赤松麟作的名畫「夜火車」（夜汽車）誕生，描繪三等庶民的旅行樣貌，時至今日，我們仍可從畫中一窺當時三等車廂內的面貌。

一八八九年（明治二十二年），日本交通大動脈的東海道線（新橋—神戶，六百零五公里）全線通車；兩年後，東北本線（上野—青森，七百三十二公里）全線通車。一九〇一年（明治三十四年），鐵路延伸至馬關（現今的下關），日本本州可以搭乘的火車縱斷南北，迎接真正鐵路時代的到來。

鐵道的發端

探索鐵道的歷史，或許也等同於描述日本的

小樽築港驛（をたるちくかう）

〔所在地〕　後志國小樽市
〔開　驛〕　明治四十三年十一月二十一日
〔起　源〕　小樽港修築著工の頃、諸般の便益を計るために設けられた驛である爲斯く名付けたものである。

朝　里　驛（あさり）

〔所在地〕　後志國小樽郡朝里村
〔開　驛〕　明治十三年十一月十八日
〔起　源〕　アイヌ語で「イチャニ」と云ひ（鮭鱒の産卵場）を意味してゐるが、和人が之を訛つて「漁」（イザリ）と云ひ、「漁」は「あさる」の意を有してゐるが、地名としては餘り香しくないといふので、之を「あさり」と呼び之に漢字「朝里」を當てたのである。

張　碓　驛（はりうす）

〔所在地〕　後志國小樽郡朝里村
〔開　驛〕　明治三十八年十月十八日
〔起　源〕　アイヌ語「ハルウシ」の訛つたもので（食料の多い處）を意味してゐる。此の附近は海陸共に獵獲豐富であつた爲であるといふ。
〔參考〕　「アリウシ」て（禿げた所）を意味し、附近にある斷崖を指したものである。

錢　函　驛（ぜにばこ）

〔所在地〕　後志國小樽郡朝里村
〔開　驛〕　明治十三年十一月十八日
〔起　源〕　當地は昔から鰊漁場として知られ、豐漁のため何れも生活豐かで、毎戸に錢函を備付けたといふ事實に因んで名付けたといふ。

◆《車站名的起源》（札幌鐵道局，發行年不詳）。1880 年（明治 13 年）開業的錢函車站，其「錢函」之名稱，來自當地過去為盛產鯡魚之漁場，家家戶戶都備有錢箱之緣故。

近代史。其中，包含建設的歷史、車輛製造技術的歷史、運行服務的歷史，毋庸贅言，也有旅行文化的歷史。今日有眾多的鐵道迷，或許正因為鐵道擁有與我們生活緊密連結、息息相關的歷史。

就讓我們來看看日本鐵道的發端。最初，火車司機皆是英國人，一八七九年（明治十二年）才誕生第一批日本籍的火車司機。三名優秀的司機助手（當時稱為「火伕」），❷也順利地晉升為司機。此事大大助長了孩子們對未來的夢想：長大後要成為一位火車司機。

十年後，首次在東海道線的車廂內設置洗手間。過去曾有內急而從窗戶向外小便的乘客，被課取高額罰金。洗手間的設置，想必也讓乘客們鬆了一口氣吧。

一八九三年（明治二十六年），神戶的工廠首次成功地製造了國產火車，證明日本技術能力之高超。

翌年，時刻表首次以定期出版品的形式公開發行——庚寅新誌社的《火車輪船旅行導覽》（請參照〈旅行雜誌〉）。

一八九六年（明治二十九年），負責搬運行李的「紅帽子」（赤帽）登場，是從私鐵之雄——山陽鐵道——在主要車站設的行李搬運伕發展而來。順道一提，「紅帽子」是取自美國同種職稱「red cap」。

或許仿效了私鐵的做法，翌年，官鐵也允許隨身物品搬運伕的營業。最初「行李搬運伕」的形象是穿著印有商號的短外衣，不久後便改為紅帽。

後來，「紅帽子」一職順勢發展。東京車站於一九一四年（大正三年）開業之時，其人數之多，甚至可以數出乘車處有三十一位、下車處有四十七位紅帽子在賣力工作。也可以看見富裕階級的乘客，即便只有一頂帽子，還是會雇請紅帽子在旁幫忙拿取。許多紅帽子在車站內外忙進忙出，也算是當時旅行風情的一大景緻。

東京車站開業時，才被正式命名為「東京駅」。開業之前，被稱呼為「東京停車場」❸或「中央停車場」。

最初鐵路開通時，「新橋駅」被稱為「新橋ステーション」（shinbashi suteshon）、「新橋ステンショ」（shinbashi sutensho）或「新橋停

◆ 東京車站的風景明信片。附有解說：「東京大震災時也安然無恙。中央為皇室專用的出入口。可以看見車站前人潮、汽車、電車縱橫交織的景象。」

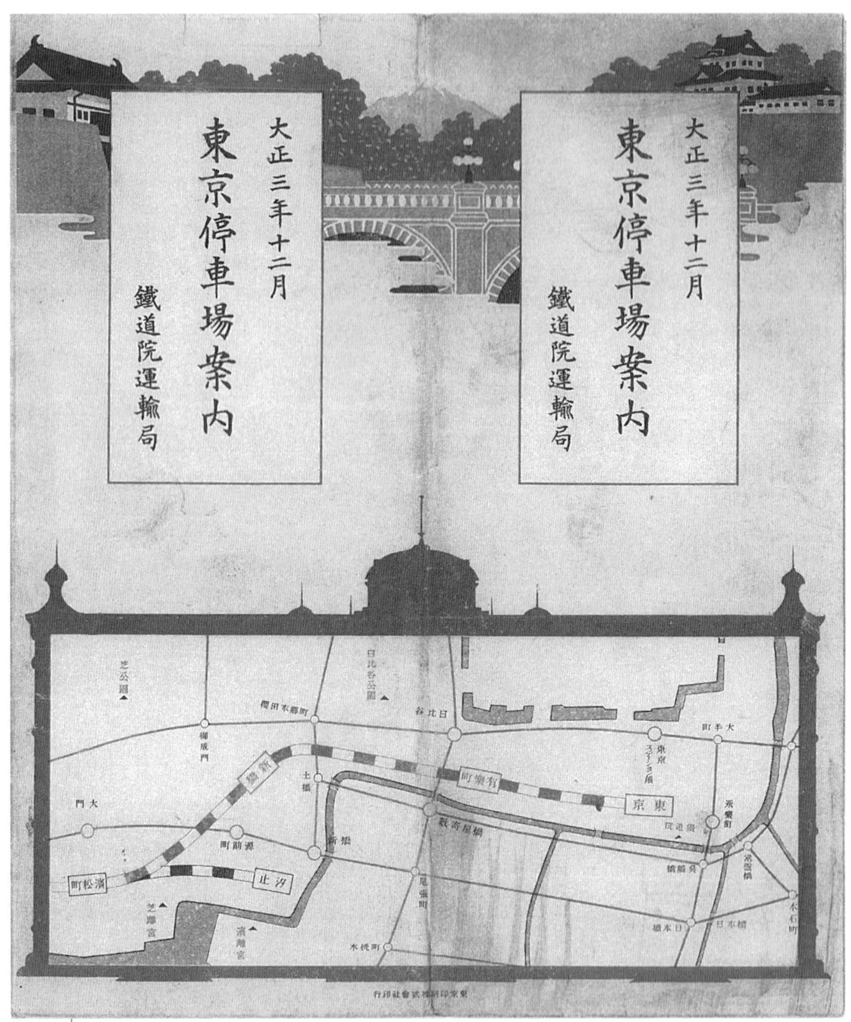

◆ 1914 年（大正 3 年）東京車站開業時，鐵道院運輸局製作的導覽手冊《東京停車場導覽》。觀看下圖，可以發現鐵道的路線終點為東京車站。11 年後，才完成東京─上野的高架路線。

車場」。ステンショ亦即英文的 station，❹是庶民之間帶有口音的發音，為普及使用的稱呼。無論如何，當時將駅（車站）稱呼為停車場、ステンショ（站）的說法十分普遍。

日文中的「駅」一詞，是由江戶時代的宿駅制度發展而來。明治時代後，「駅」的稱呼讓人聯想到過去的舊時代。因此，「ステンショ」（站）和「停車場」的稱呼，成為象徵新時代文明的名詞，逐漸普及。石川啄木曾歌詠道：「懷念故鄉的方言，前往人來人往的停車場一解鄉愁。」

然而，現今卻可見到「駅」一詞的復活與扎根，「停車場」的用詞反倒讓現代人感受到濃厚的鄉愁。真是有趣的逆轉現象。

◆ 1895 年（明治 28 年），日本於領有地臺灣建設縱貫鐵路，開通基隆—打狗路線。其後，1913 年（大正 2 年）於南部高雄與屏東間的下淡水溪，❺完成了當時堪稱為東洋第一的鐵橋。「實際延長了 5007 呎」。

◆ 對日本而言，耳熟能詳的釜山為出入朝鮮之大門。照片明信片為 1910 年（明治 43 年）完工的釜山停車場，設計者為辰野金吾以及葛西萬司的公司。兩年後，釜山鐵道飯店於二樓開幕。

打出新企畫的山陽鐵道

一八九八年（明治三十一年），火車客車開始裝上電燈提供照明。最早這麼做的是關西鐵道，在那之前，都是使用煤油燈。

接著，食堂列車登場。附帶一提，火車便當出現的時間，其實較食堂列車早。至今仍流傳著許多種說法，有紀錄顯示，一八七七年（明治十年）在神戶車站就有販售火車便當。不過，在食堂列車上用餐，與在火車上吃火車便當體驗到的，又是不同的旅遊情緻，十分新奇有趣。

一八九九年（明治三十二年），首次將食堂列車與火車客車連結在一起的，便是山陽鐵道。當時山陽鐵道曾派遣年輕職員至歐洲進行各種考察與研究，食堂列車或許也是這趟考察的成果之一。

翌年，山陽鐵道也引入了臥鋪列車第一號。臥鋪列車只供一級列車的乘客使用，臥鋪分上下兩層，共可容納四十人。車廂的天花板有雕刻等裝潢，窗簾則使用華麗高級的布料製作而成。

包含前文提及的「紅帽子」，山陽鐵道的創舉十分驚人。除了有山陽鐵道行駛於神戶至下關之間，與軌道並行的，還有輪船航行於瀨戶內海。或許可以這麼說，正因為有山陽鐵道這個競爭對手，同業者才更致力於提高服務的品質。除此之外，在導入列車服務員與快車的運行上，山陽鐵道也走在最前鋒。

以山陽鐵道為首，全國各家私鐵在服務品質上相互競爭，但不久後，私鐵則走向統合的道路。

大陸的另一邊是歐洲

一九〇六年（明治三十九年），鐵道國有法案在帝國議會上被提出，引起議會中在野黨的反對，會場一陣譁然。然而，法案仍舊強行通過，日本國有鐵道因而誕生。在此之前，鐵道總長度約七成是私鐵所有，軍方強烈感受到私鐵的發展，在物資及兵力等軍事方面十分不便，因此對於推動鐵道國有化十分熱心，也終告實現。

如此一來，國鐵的誕生，爲鐵道旅行帶來了何種影響呢？最大的變化，便是路線的延長能

◆ 活躍於鐵道界的英才——木下淑夫，其遺稿集《國有鐵道之將來》（鐵道時報局，1924），其中收錄〈設立極東鐵道大學之意見〉等論文。在日本旅行協會及東京車站飯店的創設上，木下氏也費盡了心力。

夠不計盈虧。雖說由政治主導，但對部分的旅客而言，卻提升了不少便利性。

另一方面，由於組織變得龐大，且採中央集權的管理模式，過去如私鐵一般改善服務品質的行動力也變得駑鈍遲滯。

大正時代後的國鐵以及一九〇八年（明治四十一年）成立的鐵道院（後來的鐵道省），在招攬旅客的活動上有了覺醒，例如開始致力於滑雪的宣傳活動。某位皇族曾表示：「像滑雪這般萬人都能享受的運動，必須進行全國性的獎勵推廣，其中，鐵道省是否應該盡份心力？」或許因為這項發言的影響甚大，到了一九三五年（昭和十年），週末滑雪列車的擁擠程度，竟然如通勤時間的電車一般，擠得水洩不通。

與國鐵誕生的同一年，另一個重要的鐵道公司也正式成立——南滿州鐵道（滿鐵）。

滿鐵，是以日俄戰爭後簽訂的波茲坦條約為契機成立的國策公司，支配著中國的東北地區，照管的事業範圍廣大。光看鐵道部分的事業：一九〇七年（明治四十年）的乘客人數雖只有一百五十萬人，但二十六年後的一九三三年（昭和八年），乘客數竟超過一千萬人，可見其發展之成果。

此外，翌年登場的是有流線外型的特快列車「亞細亞號」，其運行於大連與新京之間，七百公里的距離只需八小時半的時間。想必搭乘「亞細亞號」前往熊岳城、五龍背及湯崗子等著名溫泉地的日本人，應該不在少數。

◆《平原》第五號（滿鐵鐵道部旅客課，1923）。1922 年創刊。本號為旅館號，以滿州的飯店、旅館為特集出刊。

◆《滿州溫泉導覽》（滿鐵鐵道部旅客課，1936）。其中也宣傳販賣來回折扣車票。

◆ 鐵道禮儀集《快樂的旅行》，1939 年（昭和 14 年）由滿鐵鐵道總局營業局旅行課發行。內容附上插圖說明，呼籲:「喜歡吸菸的乘客，也別忘了身邊有婦女以及討厭菸味的乘客。」

「亞細亞號」通車的前三年，有位年輕的女性作家——著有《三等旅行記》❻的林芙美子，經由滿州搭乘西伯利亞鐵道，前往歐洲大陸。對當時的日本人而言，滿州本身雖也是魅力無限的新天地，不過滿州另一邊連結的是廣大的歐陸，更使之成為一條「夢之路線」。

實際上，國鐵成立時，恰巧是重視與國際列車接軌，進而改正列車時間表的時刻。當時確立了兩條路線：下關—釜山的聯絡船接上朝鮮鐵道，經由京城（現今的首爾）與平壤進入滿州；搭乘鐵道由新橋至敦賀後，改搭船經由海參威，再轉搭西伯利亞鐵道。和歌詩人與謝野晶子便利用後者的路線前往歐洲。

疾駛的超級特快列車「燕」

一九二九年（昭和四年）某日，國鐵全線總指揮的運行課長結城弘毅說：「計算一下，從東京至大阪，沿途不停站的話需要多少時間？」這個問句，成為日本首輛超級特快列車誕生的契機。

當時，受到汽車的出現以及關東大地震、世界性恐慌等影響，國鐵正煩惱著如何提高業績。因此，結城氏便想要推出讓世人驚嘆不已的列車。

由於上述發言的結果，超級特快列車「燕」就此誕生。與過去的特快列車「富士」及「櫻」

相比，東京至神戶的運行時間縮短了二小時二十分鐘，只需九小時便能抵達。最高時速為九十五公里，對當時的人們而言，可說是作夢也想不到的速度，因此稱之為「超特快」列車。

一九三〇年（昭和五年）十月，超級特快列車「燕」開始運行。附有食堂列車，其紅酒清單可媲美飯店等級，甚至飯店等級以上的也一應俱全。

此外，首次替列車取的別名，便是上述的「富士」及「櫻」，以對外公開招募別名、進行票選的方式，作為招攬旅客活動之一環。該活動共收到五千六百票，第一高票為「富士」，第二為「燕」，第三為「櫻」。第二高票的「燕」，想必是為了翌年即將通車的超級特快列車，而特地預先留下的別名。

鐵道行走的路線，必須越過各式各樣的障礙才能延伸到各個地方，因此，延伸鐵道路線背後的無名英雄，便是建設鐵道與隧道的人們。其中，隧道的建設過程特別顯得危機重重，不少人不幸命喪其中。

未借外國技師之手建設的首條隧道，是於一八八〇年（明治十三年）完工的逢坂山隧道（大津—京都，長約六百六十五公尺）。其後，號稱山之國的日本列島上，接連完成了許多隧道工程。其中，特別困難的工程便是熱海—三島的丹那隧道。由於地質複雜，同時也是泉水大量湧出之處，原定七年完工的計畫不斷向後推延，至十六年後才建設完成（有「艱難工程十六年」之稱）。一九三四年（昭和九年）完工後，超級特快列車「燕」往來於東京和神戶的時間，又再

◆ 鎌田小俊的《丹那隧道完工過程》（熱海新聞社出版部，1934）。根據此書，隧道完工後還創作了「丹那舞蹈歌曲」，並流行傳唱於熱海地區。

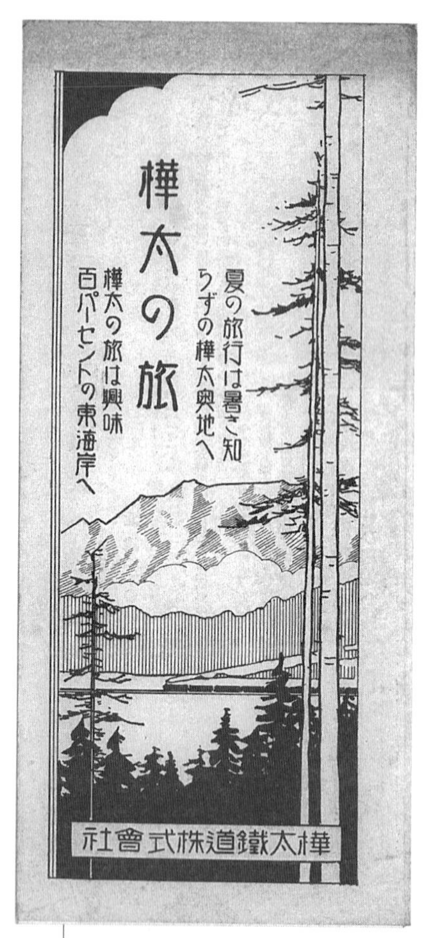

◆ 宣傳手冊《庫頁島之旅》（樺太鐵道）。1905年（明治38年）南庫頁島成為日本的領土，因此宣傳：「夏天的避暑旅行、視察旅行、學校旅行，就來庫頁島吧！」

縮短了二十分鐘。

戰前的工程中，另一項值得矚目的，便是關門海底隧道（總長三千六百一十四公里）。當時許多人認為，建設貫穿海底的隧道根本是癡人說夢。然而，與各國進入戰爭狀態的同時，於一九四二年（昭和十七年）六月開通了下行路段，兩年後上行路段也完工通車。過去，搭乘關門聯絡船需花費三十分鐘，關門海底隧道開通後，往來於本州、九州之間，竟只需約八分鐘的時間便能實現。可說是鐵道連綿，直至天涯海角。

註釋：

❶—有某段時間稱為上等、中等、下等。下等的座位是木板，由此衍生租借坐墊的商機，因而繁盛。

❷—譯註：火伕協助司機，主要負責蒸汽火車的鍋爐工作。

❸—譯註：日文漢字「東京停車場」，其「停車場」之意，並非中文的停車場，而是意指車站。

❹—譯註：日文正式拼法為ステーション。

❺—譯註：下淡水溪，現今的高屏溪。

❻—林芙美子，《三等旅行記》，方向社，1948。

十四、

不斷拓展的外國航路

時間進入近代，對於開始謀求與各國交流的島國日本而言，船隻的存在，有著不可或缺的必要性。然而，習得建造大型船隻的技術，必須花費不少時間，因此，很多時候委託外國完成建造船隻的工作。一八九八年（明治三十一年）完成的日本首艘正式遠洋航路客輪——航行於舊金山航路、東洋汽船❶的日本丸，其建造便是委託英國的造船公司。為此，當時長崎的三菱造船所接受了天洋丸（首艘大型豪華客輪）的建造工程，並向下訂單的東洋汽船提出建議：「建造較為小型的客輪如何？」

天洋丸的載客數為九百二十人，先前提到的日本丸為五百人。造船所謹慎退縮的心理不難理解，不過最後在一九〇八年（明治四十一年），三菱造船所還是不負東洋汽船的要求，傾盡全力，順利完成豪華客輪。三菱造船所的歷史悠久，可以向上追溯到一八五七年（安政四年）創設、由幕府直接經營的長崎鎔鐵所。

天洋丸的建造計畫，是希望成為一艘劃時代的巨型客輪，因此，內部裝潢皆採用最先進的新藝術派樣式。其可供婦人同行、喝酒抽菸的社交室，也是首次出現在日本船內的設施。

此外，東洋汽船還搶先開創南美航路，於一九〇八年（明治四十一年）以笠戶丸載運第一批巴西移民，共七百九十一人。其後，日本的客輪在移民的載運上也擔負著重要的角色。❷

另一方面，東洋汽船的競爭對手——日本郵船——也是不落人後。日本郵船創設於一八八五年

S.S. Shinyo Maru—S.S. Chiyo Maru—S.S. Tenyo Maru

◆ 東洋汽船的地洋丸。被譽為日本首次出現的豪華客船——東洋汽船的天洋丸，與地洋丸（天洋丸型號的二號船，總重 13,426 噸）以及春洋丸（同型號的三號船）為 3 艘姊妹船，皆航行於舊金山航路。

（二一〇）

（明治十八年），於甲午戰爭後相繼開創歐洲航路、美洲航路及澳洲航路。日本郵船創立的前一年，大阪商船公司也在歷史舞台上登場，於甲午戰爭後開拓中國及臺灣方面的航路；日俄戰爭時則開設阪神—大連航路；數年後更拓展北美洲航路等。日本的航路網不斷地向海外拓展開來。

科學、文化與藝術之結晶

翻閱客輪的歷史，將會發現「優秀客輪」之字詞頻繁地出現於紀錄之中。具體而言，究竟蘊含著何種意思呢？一九三一年（昭和六年）發行《現代的優秀客輪》❸的作者木越進，有如下的說明：

◆ 春洋丸的餐廳。天洋丸型號客船的內部裝潢設計，也與過去日本客船的裝潢不同，採用當時最先進、豪華的新藝術風格樣式，與人耳目一新之感。

◆ 天洋丸、地洋丸的單人特別室。船艙房間的牆壁等以進口的胡桃木、桃花心木等木材為主體，家具及地毯等則由英國進口。

（一）巨大、（二）快速、（三）凝聚近代文明之精華，提供旅客豪華的設備、（四）外型必須巧妙地融合莊重、魄力及輕巧之感。換言之，優秀客輪便是濃縮著成熟的近代資本主義，是科學、文化與藝術之結晶。

說是科學、文化與藝術之結晶，聽起來或許有些誇大其詞。然而，在客機一躍成為海外旅行要角的時代之前，客輪所佔的位置，遠比今日想像的程度還要重要許多。

舉例來說，在當時的客輪市場中，最大規模的北大西洋航路上正進行著高速行駛的競賽。於北美洲至歐洲之間，能以最短航行時間抵達之客輪，將被賦予「藍緞帶」之名。釀成鐵達尼號悲劇的原因，也有一種說法，便是速度競爭之風潮導致的海上急速行駛。

◆木越進的《現代的優秀客船》（大阪寶文館，1931）。內容說道：「優秀的客船，正是成熟的資本主義綻放在枝頭的燦爛花朵。」

無論如何，不管是國外航路抑或國內航路，客輪帶來了各式各樣的文化風貌。在客船的下水典禮上，聚集著許多觀賞人潮，造船所會在現場灑下紅色與白色的小麻糬，成為許多觀客前往參加典禮的目的。當時認為，吃下這些紅色、白色的小麻糬，便能順利生產或無病無災。據說繫在香檳酒瓶上的細繩，也被認為是「平安生產的裹腹帶」，因此會有人要求分得那條細繩。

讓專家們摸不清腦袋的問題還不只這些。客輪的名設計家，並以船博士之稱著名的大阪商船的和辻春樹曾記道，船名為何要加上「丸」這個問題，但其原因仍舊不明。和辻氏於一九四〇年（昭和十五年）出版的《隨筆・船》❹中提出，目前雖有各家說法，但「至今從文獻上仍舊無法判斷」而束手無策。

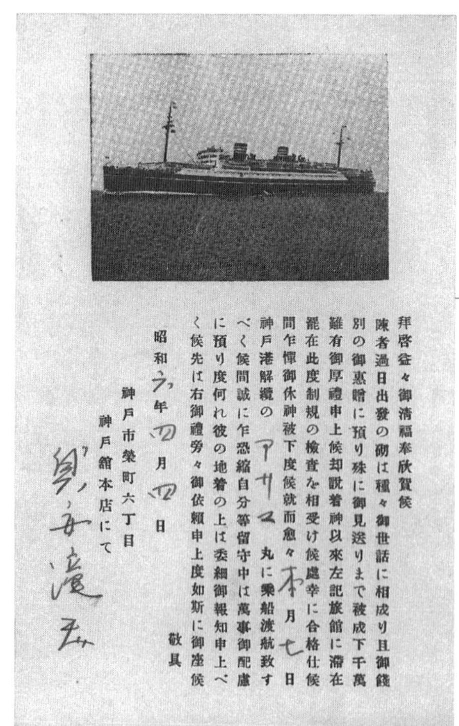

拜啓益々御清福奉欣賀候
陳者過日出發の砌は種々御世話に相成り且御餞
別の御惠贈に預り殊に御見送りまで被成下千萬
難有御厚禮申上候却說着神以來左記旅館に滯在
罷在此度制規の檢查な相受け候處幸に合格仕候
間乍憚御休神被下度候就而愈々本月七日
神戸港解纜のアサマ丸に乘船渡航致す
べく候間誠に乍恐縮自分等留守中は萬事御配慮
に預り度何れ彼の地着の上は委細御報知申上べ
く候先は右御禮旁々御依賴申上度如斯に御座候
敬具
昭和六年四月四日
神戸市榮町六丁目
神戸館本店にて

◆ 船旅出發時，為了表示歡迎之意而使用的風景明信片。隨著船旅的盛行，港口的飯店、旅館會準備出航致意用的風景明信片。圖中明信片由神戸的神戸館本店製作，只要填上日期、客船名稱以及發信人的名字即可。

和水手們一起清洗甲板

關於船旅，在戰前的旅行雜誌《旅》之中，曾刊載著饒富興味的報導。自一九三四年十一月號起，連載數回，由海尾渡（這個筆名可能是雙關語）以〈昭和西洋旅行導覽〉為題，描述在外國航路的客輪上渡過的時光。海尾氏表示，有時必須與他人同房，並接著寫道：

> 若能夠拋棄狹隘的己見，享受國際性、社交性的共同生活，那麼，旅行便會更加地愉快，其程度絕非國內旅行所能比擬。

客輪，其實就是巨大的密閉空間。在船上的數日內，或許會跟同樣的成員一同用餐，也可

◆廣告雜誌《海》（大阪商船發行）為季刊，廣泛地刊載船客的介紹、和辻春樹博士提供的船知識、觀光導覽、乘船進行學校旅行的校名一覽表等內容。圖為雜誌第十七號（1928）。

能會在甲板散步時不期而遇。因此，呼籲享受船旅時，首先應具備社交能力的說法，頗具說服力。

事實上，客輪上的生活容易導致運動不足，因此也會舉辦運動會等活動，不過，改善運動不足最輕鬆適合的方式，便是在甲板上散步。輕鬆地與甲板上擦身而過的陌生人搭話閒聊，想必腳步也會變得輕盈許多。順帶一提，漫步於甲板上，據說可以看見「繞這塊甲板幾周便是一英哩」之標示。

海尾氏也在書中表示：

如果航行於熱帶地方，穿著睡衣、打著赤腳，幫忙水手們一起清洗甲板，是有趣的身心撫慰活動，也算是一項好運動。

◆《船旅的魅惑》（日本郵船船客課，1926）。圖為1937年（昭和12年）發行的第三版，副標題為「端上餐桌的熱帶果實」，介紹當時少見的熱帶水果——榴槤、山竹、番石榴等。在行經熱帶的航路上，記載著：「珍果之味，珍同拱璧，不可多得。」

在日式榻榻米座位上享用現炸的天婦羅

關於餐桌上的禮儀，海尾渡也有所著墨。

海尾氏說明：「對歐美人而言，用餐是一項神聖的儀式。」並提醒一等艙的船客，即便百般不願意，在晚餐時間也應該穿著燕尾服用餐。

另一方面，已經習慣海外旅行的人們，由於不喜歡一等艙船客必須穿著正式服裝的禮儀，也可以選擇二等艙，輕鬆地穿著浴衣享受旅行時光。這也是《現代的優秀客輪》之作者傳授的秘技。雖然多多少少有一些限制，不過用餐時光被認為是船旅的一大享受，客輪所屬的公司也在料理上作足了功夫。

客輪上的用餐逸事可說不勝枚舉，其中特別有名的，就是特地讓廚師在客人面前表演現炸天婦羅的訣竅。❺或許是現炸天婦羅的用餐形式吸引喜劇天王卓別林的關係吧。據傳卓別林的第一次體驗是在日本橋，坐在榻榻米的座位上觀賞並享用現炸的天婦羅，且一試成主顧。

現在停留在橫濱港、隸屬於日本郵船的冰川丸，在當時卓別林停留日本的期間，提供一等艙的特別室，且每日送達器具，提供現炸天婦羅的服務。一旦有知名人士搭乘客輪，便能趁機進行宣傳活動，因此冰川丸也使盡全力，奮力一搏。

有些客輪在用餐時間，也會舉辦宛如派對一般的歡樂活動，例如「猜謎競賽」。在進入餐廳的同時，背上會以別針別上某位世界知名人物的名字。自己無法看見背上的名牌，所以必須藉由同桌客人們的對話與問題找出答案。

晚餐結束後，原先在餐廳角落演奏的樂團便移轉至舞廳會場，等待前來跳舞的情侶。喜愛雪茄及紙牌遊戲的紳士們則前往吸菸室，其中也有人會轉往讀書室。

為了不讓旅客厭倦長途旅行，客輪公司在各方面費盡心力。在客輪盛行的黃金時代，就連餘興活動也出現良性競爭的傾向。

儘管如此，在下船之時，乘客卻產生另一種煩惱。橫光利一的小說《旅愁》❻中有如此敘述：

從早上開始，無論是哪位船客，都無法沉著冷靜。因為不得不給負責用餐的、倒酒的、房間的服務生小費。船客們聚集在各處，討論著

◆ 1936（昭和11年）9月9日，靖國丸（屬日本郵船）船內菜單的封面。雖然封面的圖繪洋溢著日式風情，內容卻也包含英文版的菜單。

到底該給多少小費才好。

實際上，橫光氏曾於一九三六年（昭和十一年）前往歐洲，船旅中沒有一刻得以安心自適地放鬆。

太平洋上的女王

在戰前的客輪時代，無論哪一方面都處於最高位置、有「太平洋上的女王」之稱的，便是日本郵船的淺間丸。淺間丸的內部以喬治亞風格、都鐸式風格等五花八門的建築樣式點綴而成，當初，便以三分之一為外國乘客的企劃進行設計。一九二九年（昭和四年）正式航運，負責航行於橫濱―（夏威夷）―洛杉磯之間，為日本最重要的航路之一。當時於美國西海岸

◆「太平洋的女王」淺間丸的頭等室內游泳池，採羅馬樣式。旅客乘載上限為839人（頭等239人、二等96人、三等504人）。龍田丸與秩父丸（後來的鎌倉丸），也建造為同樣型號。在長崎的下水典禮時，聚集了2萬名以上的一般民眾前往觀賞。

巡迴演出的知名女歌手三浦環，也搭上了開往洛杉磯的淺間丸，在一等艙內熱唱「蝴蝶夫人」。船客們的掌聲雷動，喝采聲四起。同年，在香港—神戶的航路上，人氣絕頂的電影演員道格拉斯・費爾班克斯（Douglas Fairbanks，也譯為范朋克）也登上淺間丸。一九三三年（昭和八年），松岡洋右❼從洛杉磯上船；一九三七年（昭和十二年），淺間丸則招待了海倫・凱勒（Helen Adams Keller），海倫於橫濱受到熱烈隆重的歡迎。

藉此，淺間丸一步步地構築起「太平洋上的女王」之地位。然而，一九四〇年（昭和十五年），當全日本正籠罩在戰爭的烏雲密布之下，淺間丸於公海遭到英國軍艦的臨檢，船上二十一名德國乘客被強行逮捕，即為歷史上的「淺間丸事件」。

◆日本郵船的新田丸之頭等社交室，於1940年（昭和15年）完工。介紹手冊上強調：「特別是頭等客房全面採用冷氣，為世界首創的新嘗試。」但其實，新田丸為航空母艦改造而成。

其後，太平洋戰爭爆發，太平洋航路遭到封鎖，淺間丸於一九四四年（昭和十九年）與許多客輪一樣被日本軍隊徵用，最後遭美軍潛水艦的魚雷攻擊，沉沒於東海。第二次世界大戰結束後，戰前的外國航線客輪只剩下冰川丸這一艘客輪。

註釋：

❶—譯註：東洋汽船，公司名，因此遵照原文。汽船即為輪船之意。

❷—另外，雖然是後話。在移民潮盛行時，船公司會與港區內稱為「移民宿」的飯店相互提攜，接待住在「移民宿」的客人，使之成為自己的船客。由於移民的手續繁雜，大家多會停留在移民宿等待出發的時日。橫濱的移民宿最為昌盛的時代為昭和初期。

❸—木越進，《現代的優秀客輪》（現代の優秀客船），大阪寶文館，1931。

❹—和辻春樹，《隨筆・船》，明治書房，1940。

❺—日文為「お座敷天ぷら」，也就是客人坐在日式榻榻米的座席上，觀賞廚師在眼前炸天婦羅的樣子。

❻—橫光利一，《旅愁》，改造社，1940。

❼—松岡洋右曾發表一場著名的演說，與之後日本脫離國際聯盟的行動大有關聯。

十五、

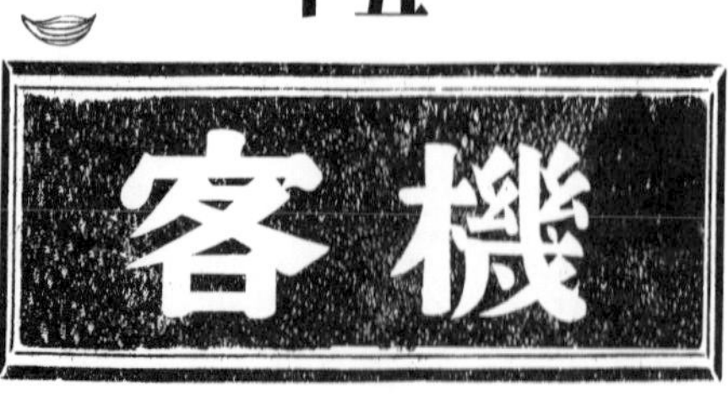

超級特快列車「燕」的三分之一

一九二二年（大正十一年）十月五日的《大阪每日新聞》報導，日本航空輸送研究所的定期航路，將於下個月開始運行。旅客利用這條定期航路，堺—和歌浦單程的交通費二十日圓，三十三分鐘可抵達；和歌浦—小松島也同樣是二十日圓，三十七分鐘抵達；小松島—德島則是十日圓，十分鐘便可到達目的地。

日本航空輸送研究所是井上長一設立的航空公司。井上氏為伊藤音次郎（伊藤氏是日本民航界的草創人物）的門下子弟，其所開創的堺大濱—德島航線距離雖短，卻是日本首條定期航線，使用海軍轉讓的水上雙翼機（可容納乘客二名）與水上飛機（可容納乘客三名）。然而，一個多月的遊客人數則達二十七人。❶

該社創立之時，主要業務是報紙及原稿的運輸，因此座位數量少，以貨物運輸為主。

七年後，在各大都市之間運送乘客的航空時代正式來臨。

根據日本航空輸送編輯的《日本航空輸送株式會社十年史》❷一書，概要如下：

> 4．7．15，❸福克超級通用飛機，開始運送乘客，一日一航班，往返於東京—大阪—福岡之間。

在國策下誕生的日本航空輸送研究所，在一九二九年（昭和四年）七月十五日，將第一架飛機送上天際。機型是從美國輸入的福克機（乘載人數為機師兩名、乘客六名），載滿乘客，上午八點由立川飛機場起飛，十點二十一分抵達大阪。翌年，鐵道的超級特快列車「燕」開始運行，將東京至大阪的移動時間縮短為八

◆ 日本航空輸送的客機，洛克希德 14 型。洛克希德公司在 1937 年（昭和 12 年）發表洛克希德 14 型，為世界上最快速（422 公里）的客機。翌年，日本航空輸送便導入洛克希德 14 型。

小時二十分鐘。不過飛機，卻只需要花費列車旅程時間的百分之三十便能抵達。

接著，約在兩個月後的九月十日，福岡—蔚山—京城（現今的首爾）—平壤—大連的航線也正式開通。

同年，德國的飛船齊柏林伯爵號（Graf Zeppelin），在飛行世界一周的途中造訪日本，成為萬眾矚目的對象（有三位日籍記者一同搭乘抵達日本）。除此之外，瑞士的道尼爾（Dornier）公司製作的DOX飛船進行試飛，創下成功乘載一百六十九名乘客飛行的世界紀錄。這一年，有關空中飛行的新聞接二連三地出現，不絕於耳。

根據先前舉的《日本航空輸送式會社十年史》一書，截至決算季的九月底前，兩個月半的旅客人數為九百四十三人；第二年則約有六千

VIEW OF NAJIMA AERODROME, THE IMPORTANT POINTS OF OUR AERIAL FREIGHT SERVICE. FUKUOKA AND HAKATA.

—(福岡と博多名所) 吾國航空輸送上の重要地点たる名島飛行場

◆福岡原是利用太刀洗陸軍飛行場，但由於諸多不便，就在博多灣東部另外設置名島飛行場。其能夠將水上飛機吊起的巨大吊車，成為當地的名物。

◆ 1938 年（昭和 13 年）發行的介紹手冊《定期航空路線地圖》，收錄了大阪以西的地圖。此外，也附上警告標語：「當局表示，完全禁止飛行中的攝影行為，請多加注意。」

◆ 1937 年（昭和 12 年）6 月至 9 月的《定期航空導覽》，以紅色的文字宣傳：「快速航程開始。東京—新京、東京—天津、東京—臺北，只需 10 小時便能抵達。」

人；第三年的數字也持續增長至六千八百人；直至一九三八年（昭和十三年）九月，甚至成長到五萬六千人之多。

於此期間，航行的路線也逐漸增加。根據筆者手邊持有的一九三七年（昭和十二年）六月至九月版本的《定期航空導覽》，❹光是國內航線便會停靠札幌、青森、仙台、東京、新潟、富山、名古屋、大阪、鳥取、松江、德島、高知、福岡以及那霸，連結這十四個都市形成的航空網已然完成。札幌格蘭大飯店（札幌グランドホテル）於其介紹手冊中也宣傳道，至札幌搭乘快車需要花費二十四小時，若改搭飛機，則只需五小時便能抵達，且札幌機場也有配置搬運行李的人員。

同一時期，羽田也設立了東京飛行場（又稱為東京國際飛行場或羽田國際飛行場）。在此

◆ 標有「羽田國際飛行場」之照片明信片。前方的圓形建築物為候機室，但也可以看見許多前來送行的人們，坐在外面座椅上的樣子。

之前，立川飛行場是與陸軍共用的設施，且距離東京都心遙遠，十分不便。於是，在羽田設立了機場，於一九三一年（昭和六年）正式啟用。

選擇在羽田開設機場的原因，據說是下列幾項優點：位於京濱間的中間位置，與京濱國道的交通連絡良好；由東京都心出發約只需三十分鐘便能抵達；面海的地理位置，可以建設成水陸兩用的飛行場。❺

吸引眾人目光的空中小姐

將東京—大阪航線的首架飛機送上天際後的兩年，同時也是羽田飛行場啟用的一九三一年（昭和六年），有一百四十一位美麗佳人聚集在面試的會場。當時的東京航空輸送，為了東

スピード時代——郵便は飛行機で——エアーガールの出現

スピードはスピードを生み、ポスト、ゲツテー（米國二飛行家）は八日十五時間餘で世界一周の記錄を作つた現世である。汽車の旅は飛行機の旅に移つて行くのも無理はない、之れからの旅客飛行機の發展は眼ざましいものであらふ而して既に空のタクシーが現れてゐる。寫眞左上羽田の東京飛行場から（從來は立川）大連間の飛行郵便をサービスする郵便飛行機で、圓内は飛行郵便ポスト（水色）である。右下は東京航空輸送社の旅客機内でサービスするエアーガールで、彼女等は百數十名の志願者中より合格した、尖端的職業婦人である。右上は國產中島式ブレーゲー N36 型旅客機642號。左下は富士を眼下に飛行中の旅客機である。

◆ 1931年（昭和6年）發行的《新日本照片大觀》（忠孝之日本社），介紹東京航空輸送的空中小姐，以「站在時代尖端的職業婦女」之敘述，形容當時的空中小姐。

京與伊東、下田、沼津、清水之間的航線，對外招募三名機內女性服務員，也就是所謂的「空中小姐（空服員）」。這一百四十一位女性，便為了爭取東京航空輸送開出的三個名額而參加面試，其招募活動的迴響之大，可見一斑。

空中小姐的日文「エア・ガール」（Air-girl），屬於和製英語，[6]與「モダン・ガール」（Modern-girl，摩登女子）等，同為當時流行的「某某ガール」（girl，小姐、女子、女性）詞彙。因此東京航空輸送的老闆相羽有，便將機內女性服務員取名為「エア・ガール」（空中小姐），報紙則以摩登仙女（モダン天女）形容這群美麗佳人。

順利獲得錄取的空姐，於該年的四月一日開始工作。不過，因為是小型飛機，機內全部只有四個客席，沒有走道，所謂的工作也就是與乘客一同搭乘飛機而已。

儘管如此，空中小姐的存在，為機內增添了華麗、活潑的氣息，也帶給乘客安心的感受。由於風評良好，該公司於五年後又新添了兩位空中小姐。

業界最大規模的日本航空輸送也在一九三七年（昭和十二年）公開招募空中小姐，吸引兩千人蜂擁而至，報名應徵。最後，從兩千人中精挑細選出九位錄取者。

當時被錄取的和久田嘉禰子，日後曾敘述工作的狀況：

> 飛機的飛行噪音極大，不得不戴上耳塞。但是戴上耳塞後便無法說話，只好每次把必須說的

話，例如「現在，正在紀伊半島的上空」等，寫在紙上讓乘客看（笑）。❼

確實，根據當時的導覽書，可以看見「上機時會附送耳塞。戴上防音耳塞，耳朵會舒服許多」之記述。此外，據說當時許多人在飛行途中十分緊張，即使午餐時間提供三明治給乘客，也少有人在機上大快朵頤，展現旺盛的食慾。

註釋：

❶—平木國夫，《日本航空公司之發端》（日本のエアライン事始），交通叢書，交通研究協會，1997。

❷—日本航空輸送編，《日本航空輸送株式會社十年史》，日本航空輸送，1938。

❸—譯註：4．7．15，昭和四年七月十五日之意。

❹—《定期航空導覽》（定期航空案內），日本航空輸送，1937。

❺—平木國夫，《羽田機場的歷史》（羽田空港の歷史），朝日選書，朝日新聞社，1983。

❻—譯註：和製英語，為日本利用英文單字自創的詞彙。

❼—和久田氏，《SARAI》（サライ）第二十號，小學館，1997。

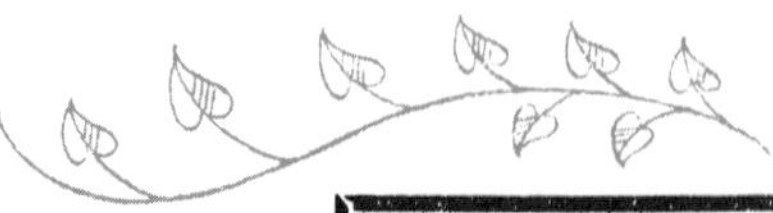

十六、旅行雜誌

高級雜誌類的旅行雜誌

於〈鐵道旅行〉中已提及，首次成為定期出版品的時刻表，為一八九四年（明治二十七年）十月創刊的《火車輪船旅行導覽》。[1]雖然是時刻表，卻也刊載了各式各樣的文章，如遊記、小說、人力車的車資等。如同雜誌名稱所示，也算得上是旅行雜誌的體裁。

其後，負責出版的庚寅出版社，於九年後的一九〇三年（明治三十六年）另創旅行社，並創刊《旅行導覽》，強化了旅行雜誌所需具備的要素。

筆者手邊正好有同年十一月發行的第八號，頁數有八十六頁，販售價格為一日圓。於一八八七年（明治二十年）創刊的綜合雜誌《中央公論》，於當時的販售價格為十二錢。由此可知，《旅行導覽》可說是要價十分昂貴的雜誌，同時也是為了少數讀者而出版的雜誌。雜誌封面上註明，購入雜誌的讀者可以獲得先前提及的時刻表一本（十錢），算是一種促進銷售的

◆《旅行導覽》第 8 號（旅行案內社，1903）。翻開封面，可以看見公司的通告：「旅行導覽，是經過公司職員實地踏查與探險後，整理出的各地交通樣貌，是唯一為了替一般旅行者提供導覽的雜誌。」

手法。其內容的構成，是以〈期待婦人女子的旅行〉之文作為起始，後有成田的採菇遊記、保津川乘船遊記等導覽，以及鐵道路線導覽、輪船航線導覽等。

長壽雜誌《旅》之誕生

然而，旅行雜誌的始祖，並非是庚寅出版社的《旅行導覽》，而是前一年，一九〇二年（明治三十五年）由東京的報知社發行的《旅》。不過，這本雜誌並沒有維持很長一段時間，數年後便消失在市面上。

同樣也以《旅》為名，由日本旅行文化協會發行的同名雜誌，則十分長壽（後來暫時由日本交通公社發行，現今則由新潮社承繼雜誌名稱繼續發行）。

創刊號在東京大地震的翌年，一九二四年（大正十三年）發行。同年，以構築旅行文化為目的，設立於鐵道省內部（日本旅行文化協會，於兩年後改稱為日本旅行協會）。發起人為三好善一，他同時也是東京健行會（東京アルコウ会）❷的成員。其他與會者有鐵道省、滿鐵、日本郵船、大阪商船等交通機關，此外，也有東京及關西旅行愛好者團體的代表人士參與。前滿鐵總裁（第三代，其後再度就任社長之職）野村龍太郎擔任會長，長壽雜誌《旅》的發行，便是在如此正式的協會組織下完成的任務。

◆《旅》1931年12月號（通卷第93號），日本旅行協會出版。內容刊載了村松梢風的〈話說上海〉、田中彥十郎的〈三等臥鋪車廂的舒適度〉、青木繁男的〈朝鮮令人留戀的溫泉飯店〉等文章。

創刊號中，野村會長於雜誌前言中主張「應該多接觸大自然」，此外，還收錄作家田山花袋的〈旅之詩與歌〉（旅の詩と歌と）、採訪記者松崎天民的〈旅行與旅店〉（旅と宿屋），以及風格幽默的作家生方敏郎的〈演講旅行之喜劇〉（講演旅行の喜劇）等文章。

旅行熱潮高漲的同時

為了做好迎接外國旅人的全面性準備，一九一二年（明治四十五年）成立的日本旅行協會，於一九三二年（昭和七年）設立東京旅行俱樂部。同一時期，雜誌《旅行日本》也流通於市面上。伴隨著日本人出外旅行頻率的增長，該協會的業務也不僅止於招攬及協助外國遊客，更擴展到關照、仲介本國人旅行的事務

◆《旅行日本》1933年6月號，東京旅行俱樂部出版。其中刊載了〈調查山中物價〉之報導。根據松本車站站長的消費，記載了山中小屋的住宿費、便當、白米、味噌、木炭、柴火、草鞋、麥酒、汽水、酒等金額。

◆《旅行日本》的封底。旅行用枕頭的廣告，表示是「旅行用枕頭業界的最高峰」。廣告也是重要的情報來源。

上。

然而，問題便由此產生。日本旅行協會與東京旅行俱樂部兩者負責的業務內容相似，因而出現應當統整合併的意見。

最後，《旅行日本》雜誌廢刊，而東京旅行俱樂部之名稱，由於給人偏向招攬外國遊客之感而遭到批判，於一九三四年（昭和九年）改名為日本旅行俱樂部。

正好在這個時期，鐵道省開始致力於團體旅行的接待，而這也是增加營收的策略之一。組織每月定期存款的旅行會，作為團體旅行的基礎。參加旅行會的人們，便能在每月儲蓄的同時，期待著未來旅行的樂趣。

呼應著昭和前半葉旅行熱潮的高漲，一九三五年（昭和十年），雜誌《旅》的發行數量達到二十四萬部。且在這個時代，各式各

◆《旅行與傳說》1928年4月號，三元社出版。為歌頌櫻花的「櫻花號」，同時也收錄了當時著名旅行作家松川二郎的〈櫻花的珍木傳說〉一文。

樣的旅行雜誌也隨之創刊發行。一九二八年（昭和三年），三元社出版《旅行與傳說》；二年後，帝國旅行新聞社出版《旅行與地方驕傲》。

附帶一提，後者在一九三五年四月號（第六卷第一號）中，報導其發行人土居四郎於四十三歲英年早逝。根據這篇報導，一九二一年（大正十年）《旅行與地方名產》創刊，日本郵船對此寄予滿心的期待，但卻在幾個月後廢刊。其後，據說接受了稻畑勝太郎❸等人的支援才復刊。雜誌最後聲明，發行人逝世後將繼續出刊發行。

一九三七年（昭和十二年），日本旅行會創刊《旅行與相機》。日本旅行會為日本旅行（其存在可說是旅行社的草創者）的前身。創辦的契機，據說是創業者南新助於一九〇五年（明治三十八年），為了將參拜者們送往伊勢神宮

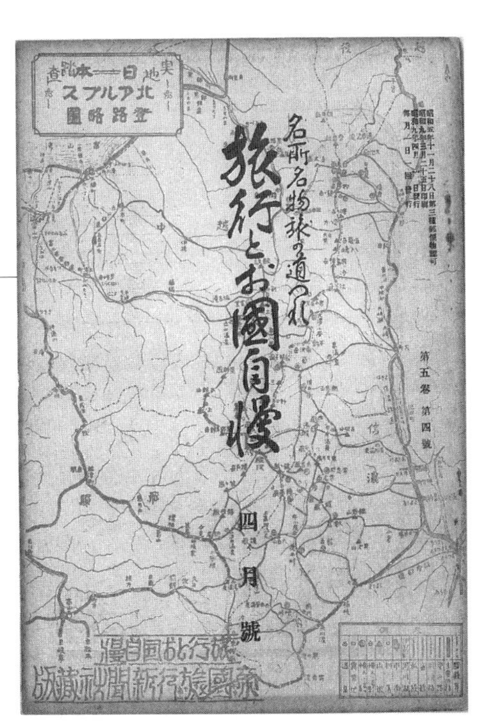

◆《旅行與地方驕傲》1934 年 4 月號，帝國旅行新聞社出版。雜誌中記載著，發行人土居四郎以土居放浪的筆名撰寫報導文章，但自去年冬天起，便臥病在床。此外，也刊載著大丸、日本生命、京阪電車、大日本麥酒等大企業的廣告。

及高野山等目的地而開始（請參照〈神社寺廟參拜〉）。

另外，雖然不是民間企業的例子，於靜岡商工會議設置的靜岡縣旅行協會，於一九三〇年（昭和五年）也開始發行旅行雜誌《行樂》。創刊後一年，會員便達到三千人，被記述為「名符其實地，成為東海道唯一的旅行協會」。其雜誌體裁只有微薄的二十多頁，在同類雜誌中究竟占有多少存在感不得而知，但至少可以看出，旅行已成為商工活動中的潤滑油。

旅行記者的聲音

說到旅行雜誌，內容雖充滿了關於名勝古蹟、飯店、旅館、交通情報等資訊，但有時候也能看見一些啟蒙性的文章報導。這些會是何種論

◆《旅行與相機》1937年8月號，日本旅行會出版。以「由相機描繪出的島上生活與風景」作為特集。

調呢？在雜誌《旅》的一九三〇年一月號中，題為〈說是一致，也未免太過一致〉之文章，引人注目。作者芳賀宗太郎於文中警示，日本的文化將越來越走向一致化：

> 為了滿足旅行者的觀看目光，逐漸喪失服裝上的地方色彩，急速地邁向全國一致性的服飾裝扮。
>
> 在食物的一致性上，最為極端的例子便是全國各車站內販賣的鐵道便當。北達庫頁島，南至九州，甚至是臺灣，如同字面意義所示，販賣的食物整齊劃一。
>
> 並不是要說，古老、舊有的東西毀壞、消滅之現象，必定是不好的。只是想要聲明，單純地因為趨勢而破壞了良善、應保存下來的東西，未免太過魯莽。

◆ 過去的旅行雜誌也會刊登漫畫作品。圖為《旅行日本》之漫畫。

雜誌《旅行日本》一九三三年七月號中，也看到一個小專欄，有對導覽手冊的抱怨：

> 導覽手冊並不是小說或說書評論。只是讀起來有趣、看起來漂亮的導覽手冊，我不管這樣的導覽手冊對蒐藏家而言是不是珍寶，在旅行的計畫上，可說幾乎起不了作用。
>
> 因此，我想對發行導覽手冊的人員提出一項請求。
>
> 在旅行導覽手冊中回答「會經過哪些地方？該搭乘什麼交通工具？要花費多久時間抵達？旅行費用大約要準備多少才妥當？」等問題，放著讓旅客們索取。愚以為旅行導覽手冊若不包含這些內容，事實上可以說是捨本逐末，本末倒置。

雜誌《旅行與相機》一九三七年八月號中，則可以看見〈話說燈塔與燈塔工作員之生活〉一文。作者關谷金三郎一方面描述燈塔的魅力，一方面也如下記述：

> 記者們將燈塔上的工作人員稱為「燈塔守衛」。如此稱呼雖然並無惡意，但從事這項工作的人員，十分不喜歡這個稱呼。事實上，在近代的燈塔上，所有機器皆是精密科學下的精華產物……能夠親手操作這些機器，可以說是年輕工程師們的夢想。因此，「燈塔守衛」這個職稱，當然無法令他們感到滿意。

雖然燈塔工作員的生活有其犧牲的一面，但是作者表示：「既非如魯賓遜❹一般，也不需要世人廉價的同情。」可以看出報導的多重視角。

即便是戰前的旅行雜誌，也能處處看見作者真摯的觀點與視野。

註釋：

❶—《火車輪船旅行導覽》（汽車汽船旅行案內），庚寅新誌社，1894。

❷—譯註：當時的健行活動受到世人的關注，東京健行會聚集喜愛健行的人們，集體旅行。

❸—譯註：稻畑勝太郎，在日本首次成功以銀幕播放電影之人，其後擔任大阪商工會議所的會長。

❹—譯註：Robinson Crusoe，魯賓遜・克魯索，小說《魯賓遜漂流記》中的主角。

十七、

以美術明信片記錄探險旅行

有位名為菅野力夫之人物，自稱為「世界探險家」，旅行於世界各個國家，並且將自己的人物照片做成明信片，留下旅行的記錄。是一位風格新奇、與眾不同的旅行家。

菅野氏自一九一一年（明治四十四年）起，出遠門到世界各地旅遊，據說前後至少三次。在蒙古的內陸乘坐雪橇渡過皚皚白雪覆蓋的草原、在印度騎乘於大象背上、在祕魯的沙漠地帶轉借駿馬，走遍各地。

這些旅程的紀錄，全部收錄在當時流行的美術明信片之中。做成明信片的底稿相片據說有一萬二千八百張之多，菅野氏也在回國後，於國內各地召開演講會。

菅野氏至世界各地探險的目的究竟為何？流傳下來的文書紀錄雖少，但可以推測，其中一方面是為了促進移民。例如在紀錄上寫道：「南洋的菲律賓，對於有志於向海外發展農業的單身青年以及已婚青年而言，都是富含展望之處。」實際上，探訪在巴西經營咖啡園的日本移民之旅中，也留下「到了和藹可親的日本移民村，無論走到何處，都接受到濃厚溫情的款待」之紀錄，並向購買明信片的人說明：

「航海非常安全。」

這位探險家，除了懷著想以自己的眼睛探看世界的氣概之外，以現今的說法，或許也肩負了採訪記者的任務。

探險旅行的光與影

用自己的眼睛探看世界——近代的布幕揭開之後，無疑地，人們開始被純粹、素樸的慾望

◆有「世界探險家」之稱的菅野力夫。右方為西伯利亞探險中的菅野氏；左方為印度探險中的菅野氏。世界探險的內容則簡略地寫在明信片中。

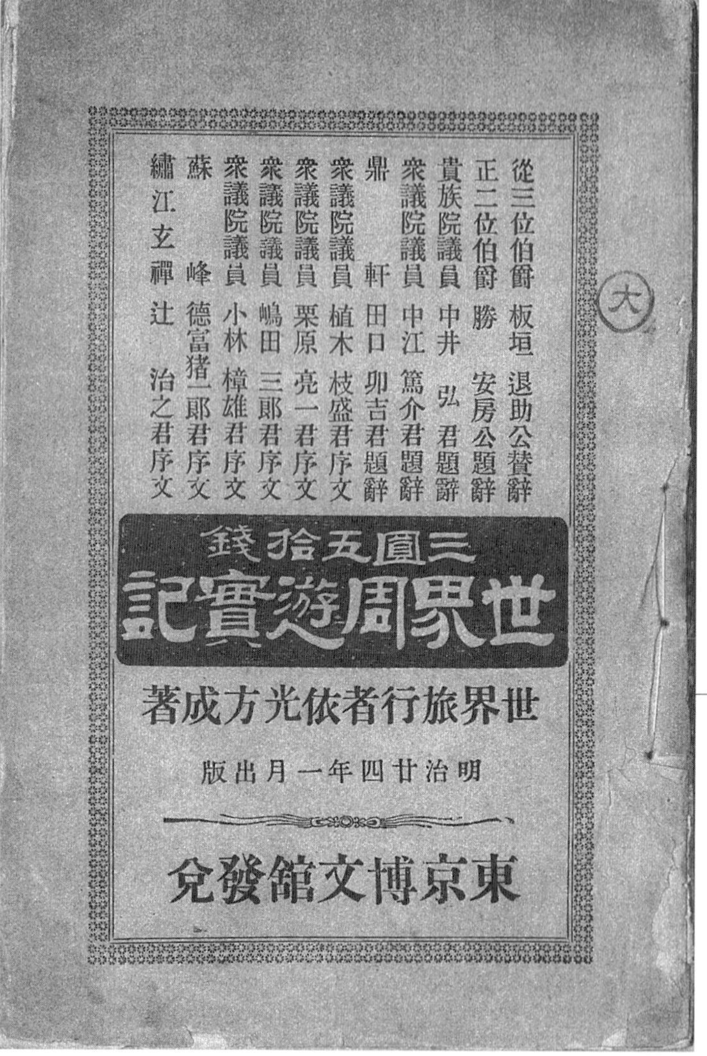
從三位伯爵 板垣 退助公贊辭
正二位伯爵 勝 安房公題辭
貴族院議員 中井 弘 君題辭
衆議院議員 中江 篤介君題辭
鼎 軒 田口 卯吉君題辭
衆議院議員 植木 枝盛君序文
衆議院議員 栗原 亮一君序文
衆議院議員 嶋田 三郎君序文
衆議院議員 小林 樟雄君序文
蘇 峰 德富猪一郎君序文
繡江 玄禪 辻 治之君序文

三圓五拾錢
世界周遊實記

世界旅行者依光方成著

明治廿四年一月出版

東京博文館發兌

◆ 依光方成於1891年（明治24年）寫成的《三圓五拾錢周遊世界實記》（博文館）。板垣退助等人送上讚辭，德富蘇峰等人為其寫序。

驅使而展開行動。依光方成這位人物，出生於高知縣，花費了四年的時間漫遊世界各地，於一八九一年（明治二十四年）完成《三圓五拾錢周遊世界實記》一書，由博文館出版上市。自稱為世界旅行者的依光氏於序言述說道：

早就想要遠渡重洋，一窺歐美各國下層社會的實際狀況，並觀察探究下層勞動社會的風俗民情以及生活實情。

因此，於一八八五年（明治十八年）春天，依光氏帶著三圓五十錢的積蓄，整裝出發。同年一月，正好是日本與夏威夷的首次官約移民，日本政府將九百四十五位移民送往夏威夷。當時因為嚴重的通貨緊縮，生活窮困的庶民急速增加，而移民政策，正是為了舒緩這項社會經濟問題的解決方法之一。也正是如此的時代背景，驅使依光氏將遠渡重洋的想望付諸行動吧。

即便如此，三圓五十錢的積蓄，在當時以五錢購買一個鐵道便當的時代，仍舊算不上是足以環遊世界的資金。想必，依光氏還懷抱著一種冒險的心態啟程吧。

依光氏在中國感受到「天津地方的人民富含儲蓄的精神，但其教養低下，實為可惜」；在紐約則注意到大規模的圖書館，記下：「今日美國文運的昌隆，在親眼所見後，終於明白箇中原由。」

這個時期，以國防等目的進行探險旅行的人也不少。其代表人物之一，便是駐德武官——福島安正陸軍少校（出發當時的職等），他在一八九二年（明治二十五年）獨自完成橫斷西伯利亞的旅行，前後花費一年的時間。旅行背後的目的雖是調查俄國的軍事情勢，但其成功卻也獲得日本國民的歡聲喝采。據說後來引發廣大的迴響，甚至發行以小孩為對象的橫斷西伯利亞之雙六遊戲（又稱陞官圖）。

明治中葉，基於個人慾望進行的探險旅行中，特別值得一提的是大谷光瑞率領的中央亞細亞探險隊，探查天山山脈及崑崙山山脈一帶。當時在倫敦遊學的大谷氏，受到歐洲列強進行中央亞細亞調查活動的刺激，運用其西本願寺住持（當時具繼承者之身分）的財力，於一九〇二年（明治三十五年）由倫敦直接前往中亞地

◆ 大谷光瑞於神戶市東灘區岡本（當時為武庫郡本山村岡本）建蓋的別莊——二樂莊。大谷氏曾將探險隊蒐集來的物品聚集存放於此，公開展示。

區。

其後，在一九〇八年（明治四十一年）至一九一〇年（明治四十三年）期間，大谷探險隊前後調查佛教遺跡三次，帶回許多物品，存放在神戶的豪華別墅——二樂莊之中。然而，由於探險隊的派遣，以及二樂莊的建設，西本願寺的財政漸趨困窘，大谷因而將繼承者的身分讓渡給弟弟，自中亞帶回的佛教相關物品也散失各地。

相互刺激

與有財力背景的大谷氏相較，在大谷探險隊組織成行的前一年，另有一位青年以不花費金錢的形式，踏上了世界旅行之途——出生於豐橋的中村直吉。

某日，有位正計畫以自行車環遊世界一周的比利時人，經過了中村氏經營的帽店，再度燃起中村氏的冒險心（曾有留美十年的生活經驗）。

根據橫田順彌所著的《明治古風豪士傳》，❶中村氏的弟弟春吉也在同一時期，騎著自行車在世界各地進行不消費旅行。不過，在中村直吉、押川春浪共同編輯的《五大洲探險記》五卷的其中之一《歐洲不消費旅行》❷內，收錄了春吉的《世界不消費旅行》一書的廣告，其顯示直吉與春吉並非兄弟，而是毫不相干的陌生人。

◆ 宇佐川政輝，目標以腳踏車環遊世界一周。宇佐川的生平仍舊不詳，但根據印製在明信片上的文章，他有著「無法克制心中想要觀察世界大勢的想望」，並在1915年（大正4年）春天於海參威上岸，經過南亞，翌年2月從亞歷山大登陸。3年後，則再度出發前往美洲大陸。

◆ 中村直吉的肖像，被製為照片明信片。中央為走遍美國時騎乘的馬匹，右上為遊歐洲時的旅行裝扮。

先把如此繁瑣複雜的話題擱置一旁。總之，中村直吉自一九〇一年（明治三十四年）起，在六年內環遊了六十個國家，總計共移動了二十四萬公里。然而，直吉並非像無頭蒼蠅般隨意在世界各地遊走。

旅行的途中，曾發生下面這段小插曲：中村直吉為了前往位於南非的鑽石產地——川斯瓦，而向英國殖民地總督府遞出申請，卻遲遲未能得到許可的回應。因此，他絞盡腦汁、想方設法地讓報社採訪自己，促使政府當局理解他的狀況，進而達成目的。中村直吉與前文所述的菅野氏相同，對於探尋日本人的移民地之事十分感興趣。

中村直吉回國後，於豐橋車站前被大批群眾簇擁。當時的政治家們極力讚賞直吉的冒險精神，推進移民政策的拓務省也邀請他至各地巡迴演講（後來，直吉在帽店的隔壁開設了南美移民諮詢處）。

據傳在演講會的聽眾之中，藏著一位將在未來挑戰大冒險的人物——有志於前往南極探險的白瀨矗。

白瀨氏生於秋田縣，從小便嚮往前往北極探險。但在一九〇九年（明治四十二年）得知美國羅伯特・皮里（Robert Edwin Peary）登上北極大陸的消息後，便將目標改為南極，並於一九一〇年（明治四十三年）十一月出發。一九一二年（明治四十五年）一月二十八日，白瀨氏判斷當時的狀況已經無法繼續前進，便在南極大陸插上日本國旗，將該處命名為「大和雪原」。

然而，約在一個半月前，挪威的羅爾德・亞孟森（Roald Engelbregt Gravning Amundsen）抵達南極點，為世界上最早抵達南極點的探險家。在白瀨氏插下太陽旗的十一天前，英國的羅伯特・史考特（Robert Falcon Scott）也到達南極點。而白瀨氏的探險隊，是在距離南極點還有約千百公里前之處宣告放棄前進。實際上，日本太陽旗飄揚的地點，也並非南極大陸，只是南極的羅斯冰棚。話雖如此，白瀨氏和探險隊員二十六人，與亞孟森、史考特不同，他們並未受到國家的支援與協助，其獨力奮鬥的成果，也可以說是完成了歷史上的一樁豐功偉業。

飛行員小子的活躍

抵達南極點為世紀性的競賽。在這個時期，

◆ 白瀨南極探險隊的照片明信片，拍攝於1912年（明治45年）1月24日。4日後，探險隊放棄繼續前進。

世界各國的探險家、冒險家們無所不用其極地用盡各種方法、手段，爭相前往邊境之地。抵達南極點的競賽，可謂這個時代的象徵性產物。

白瀨氏出發前往南極之際，曾在東京的代代木公園首次運用飛機奔向天際。這項行動也成為一條分界線，自此之後，日本及海外的冒險家們便開始展現他們對於空中交通的興趣。

在一九二五年（大正十四年），同時也是查爾斯・林白（Charles Augustus Lindbergh）完成不著陸橫跨大西洋飛行的兩年前，朝日新聞社的飛機——初風號以及東風號——成功地達成訪問歐洲大陸的飛行任務，在日本國內沸沸揚揚地討論著。由東京出發，經莫斯科至羅馬的行程，飛行距離共一萬七千四百公里，花費九十五天的日程（實際飛行時間為一百一十六個多小時）。使用的飛機雖然是法國的布雷蓋

◆ 初風號、東風號抵達平壤的英姿。出自岡野養之助的《訪歐大飛行誌》（朝日新聞社，1926）一書。書中花了977頁的篇幅，詳細介紹飛行計畫的進行以及飛行紀錄等。飛行行程由東京出發，經平壤、哈爾濱、赤塔、❸伊爾庫次克、❹莫斯科，最後進入歐洲。該書在「蘇維埃」的理解上貢獻良多，旅途中，也獲得蘇維埃的協助與合作。

機（La Société anonyme des Ateliers d'Aviation Louis Bréguet），但日本飛行員的技術受到公認及讚賞，於羅馬還受到國賓式的禮遇接待。

一九三七年（昭和十二年），朝日新聞社再次挑戰。此次的訪歐飛行使用日本國內製造的飛機——神風號，由東京至倫敦的飛行時間為九十四個多小時，成功縮短了歐洲出發的訪日飛行時數紀錄，在世界紀錄上留下新的篇章。回國後，飛行員榮獲謁見天皇的獎譽。

當時的報社因採訪活動的需要而開始利用飛機作為交通手段，公司內的航空部門也逐漸整備齊

◆神風號成功完成飛行後，獲得拜謁天皇機會的兩位飛行員——飯沼正明（圖左）與塚越賢爾（圖右）。

◆神風號凱旋歸國後，民眾熱烈、瘋狂地迎接兩位飛行員——飯沼氏與塚越氏。

全。因此，朝日新聞社進行的訪歐飛行活動，便藉報紙媒體的告知與宣傳力，更進一步地炒熱活動的氣氛，使之成為全國國民關心的要事，讓大眾陷於狂熱著迷的氛圍之中。在飛行活動前，還曾舉辦預測神風號訪歐飛行所需時間的有獎徵答活動，結果收到四百七十四萬多份的回答，可見民眾參與之踴躍。

想當然爾，作為競爭對手的其他報社也不可能默不作聲。報知新聞社於一九三一年（昭和六年）派出飛機——報知日美號（報知日米號），橫跨北太平洋。飛行員為吉原清治。吉原氏在前一年的事蹟，是成功地完成柏林至立川的飛行，約一萬一千公里。但是，這次的飛行計畫卻未能完成，在後來的試飛任務中，吉原氏因此身負重傷，第三報知日美號也在途中失去聯繫，計畫以失敗告終。

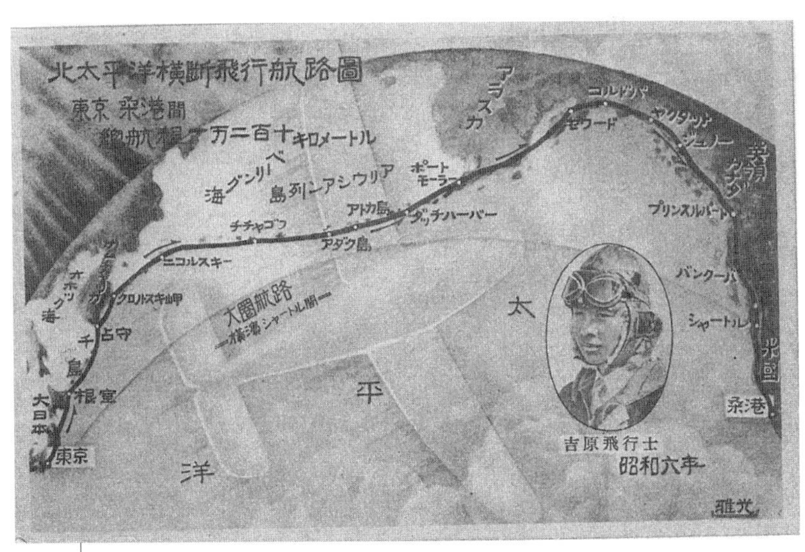

◆ 報知新聞社的橫跨北太平洋飛行計畫，其宣傳用的美術明信片。預定由東京飛往舊金山，飛行距離 10,210 公里。

每日新聞社則在一九三九年（昭和十四年）成功地以飛機——日本號（ニッポン号）飛行世界一周。日本號也是日本國內生產的飛機。這次的飛行目的並非為了選擇地球上最短路徑以進行飛行時數的競賽，而是計畫由日本出發，橫跨太平洋至阿拉斯加後，由北美至南美，橫跨大西洋前往非洲大陸，接著再前往歐洲各國進行訪問。換句話說，便是打算飛行至五大洲的主要國家。

因此，這項計畫的重大意義在於，慰問、激勵居住在這些國家的日本人，同時也在增進與各國官民的親善友好關係上作出很大的貢獻。❺

飛行途中，為了避免機身凍結，將飛機高度維持在濕度較低的六千公尺上空。當時雖然曾

◆ 照片明信片，拍攝日本號抵達東京羽田飛行場的模樣。明信片上，甚至還詳細記載著時刻：1939 年（昭和 14 年）10 月 20 日下午 1 點 47 分 23 秒。日本號的實際飛行時數高達 194 個小時。

發出電報表示「因氧氣不足，飛行困難，機上全員大概無法生還」，但終究平安無事地完成了全程五萬二千八百六十公里的大飛行。美國（兩年後成為戰爭中的交戰對象）大使在祝賀會上讚揚道：「十分有助於豐富人類的知識，以及增進商業飛行的安全性。」

驀然回首，探險家及冒險家們不斷面對挑戰的歷史，也正是我們人類知識擴大增長的歷史。

註釋：

❶—橫田順彌，《明治古風豪士傳》（明治バンカラ快人伝），筑摩文庫，筑摩書房，1996。譯註：バンカラ，仿照「ハイカラ」（追求流行、時髦之人）一詞所創的反義詞。典型的裝扮為破舊的衣裝，強調不拘泥於外表樣貌，而在心靈、精神層面徹底追求真理並付諸行動。

❷—《歐洲不消費旅行》（欧洲無銭旅行），博文館，1912。

❸—譯註：赤塔，俄羅斯外貝加爾邊疆區之首府。

❹—譯註：伊爾庫次克，位於俄羅斯西伯利亞地區的重要城市。

❺—每日新聞社編，《每日新聞七十年》，每日新聞社，1952。

十八、

飯店生活初體驗

一八五九年（安政六年）在箱館、❶橫濱、長崎對外開港後，日本邁出了近代化的一步。人民的目光開始注意到海外的世界，也出現職務上需要前往國外的人們。帶頭的先驅者，便是遣外使節團。當時的使節團成員仍舊隨身佩帶武士刀，處處散發著武士氣息。

開港翌年的一八六〇年（萬延元年），派往美國的使節團坐上美國軍艦樸哈坦號（Pawhatan），由橫濱出發。這艘軍艦正是六年前，吉田松陰企圖秘密渡航的目標船艦（吉田氏後被幕府逮捕入獄）。

赴美使節團的目的是交換日美友好通商條約的批准書。當時搭乘咸臨丸隨行的勝海舟、福澤諭吉、中濱萬次郎❷等人，可以說是日本解除鎖國後，值得紀念的第一批正式海外旅行者。

然而，他們的體驗卻是驚訝與失敗的連續。

抵達舊金山，看見最初要住宿的國際飯店（五層樓高的建

June 2, 1860.] FRANK LESLIE'S ILLUSTRATED NEWSPAPER. 9

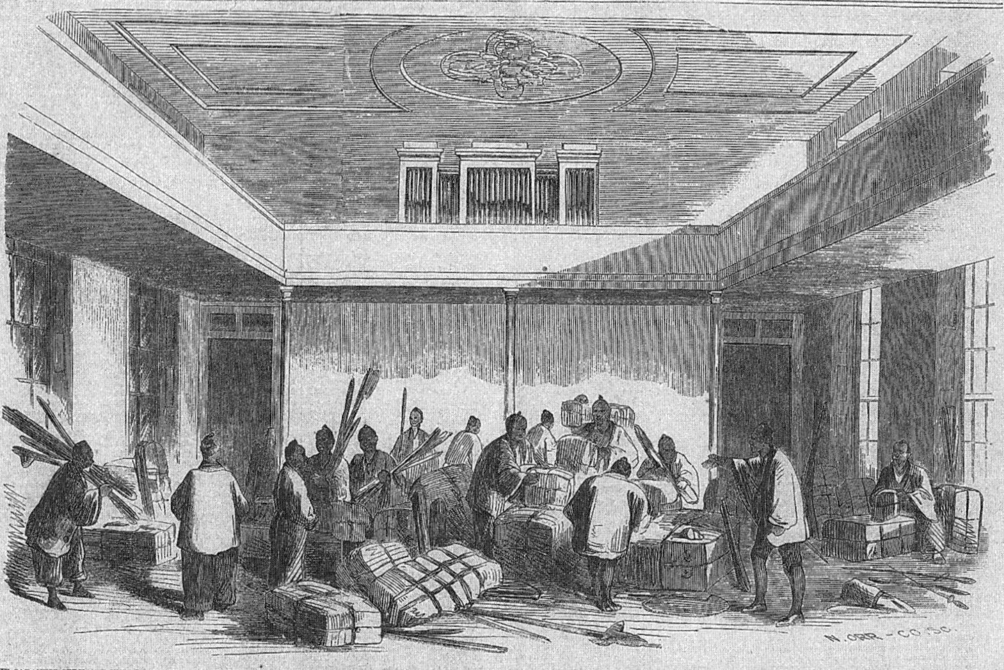

N. ORR - CO. Sc.

THE JAPANESE SERVANTS UNPACKING THEIR LUGGAGE, CONSISTING OF EIGHTY TONS WEIGHT, IN THE–BALL ROOM OF WILLARD'S HOTEL, WASHINGTON, ON MONDAY AFTERNOON, MAY 14TH, 1860.—FROM A SKETCH BY OUR SPECIAL ARTIST.—SEE PAGE 10

THE JAPANESE EMBASSY IN AMERICA.

In our last we related the progress of this most interesting Embassy from Yeddo to its arrival at the Navy Yard, Washington. We have now received sketches from the special artists we dispatched to the Federal capital, illustrating the most interesting incidents of their visit to the seat of government, some of which we now present to the public.

Reception of the Japanese at the Navy Yard.

When it was learned at Washington that the Roanoke had positively arrived at Hampton Roads, the Japanese excitement stock went up one hundred per cent. In anticipation of the event, the Navy Yard had for a fortnight previous been thoroughly cleaned and renovated, and presented a fine appearance. The Japanese flag had been mounted, walks laid, and everything arranged in "apple pie order." As the steamer drew up to the wharf at twenty minutes before twelve, the expectant multitude were gratified by hearing from her band the gay strains of "The Star Spangled Banner" and "Hail Columbia," and by seeing several Japanese standing on the guards. Among them and in all the confusion, one, an artist, was busy with his sheets of colored paper as though alone in his studio. At a quarter past twelve the debarkation began, at which time the Mayor and City Council of Washington had arrived, and with them several detachments of marines and of

◆《弗蘭克・萊斯利畫報報紙》（*FRANK LESLIE'S ILLUSTRATED NEWSPAPER*）報導遣美使節團抵達華盛頓之消息，日期為1860年6月2日。圖為使節團一行人在威拉德洲際飯店宴會場，卸下行李的模樣。根據報導，行李的總重量居然重達8噸。

築）之時，使節團成員不禁讚嘆「真是壯觀」。看見馬車便嚇得魂不附體的福澤諭吉，對飯店內的高級地毯表示：「在那上頭穿著鞋子走路，真的是從未有過的體驗，實在令人驚訝。」對於香檳的感想則是：「打開酒瓶蓋子時居然發出可怕的聲音。」一路上驚訝連連，十分忙碌。❸就連放置在房間的尿壺，也有人不知道是什麼東西。

其後，抵達使節團任務所在地的華盛頓時，居住的威拉德洲際飯店（InterContinental The Willard Washington D.C.）更是富麗堂皇，雄偉壯觀。新見正興大使與村垣範正副使同住一個房間，兩人並非坐在椅子上，而是把坐墊鋪在地上，閒聊了起來。在美國婦女面前，也有人毫不遮掩地捲起和服下擺，盤腿而坐。由此可見，出乎意料之外地，這些人或許並非懷抱著

◆同樣在《弗蘭克 · 萊斯利畫報報紙》中，介紹使節團在威拉德洲際飯店的第一頓晚餐風景。善意地報導著，宴席上，使節團團員們啜飲紅酒，所有進展皆十分順利。

戒慎恐懼的心情，反而是有著貫徹自我的堅持。據說有人還帶著自備的白米到飯店餐廳的廚房，透過翻譯人員教導廚師烹煮白米的方法。此外，也有人因為不習慣使用刀叉，而把餐桌桌面弄得髒亂不堪。

好奇心使然

其後，在幕末至明治初期，遣外使節團也數度在歷史上登場。其目的五花八門。不過，因看見歐美的發展樣貌，進而領悟日本近代化之重要性的人物倒也不少，也有人的好奇心因此受到很大的刺激。一八六一年（文久元年）出發的遣歐使節團中，以隨從人員身分參加的市川清流，便對各項事物留下鉅細靡遺的紀錄

舉個例子來說，關於巴黎住宿時的帖貝魯飯店，市川氏記錄道：「據說建造費便花了兩千萬法郎。不過經營十一年後，便能全數回收。」如此紀錄，可以說市川氏已經具備了採訪記者的眼光。[4]

話雖如此，也有使節團的成員充分展現了宛如劉姥姥進大觀園的舉止。一八六三年（文久三年）出發的遣法使節團，在途中停靠埃及之時，以武士的裝扮在斯芬克斯的人面獅身像前拍照留念。

這個使節團是為了傳達幕府的要求——將橫濱鎖港，因而動身前往法國。不過，開港的準備卻已勢成騎虎，難以抵制。方才雖以「劉姥姥進大觀園」的說法調侃使節團的成員，但他們或許是懷抱著預感——其後的任務將掀起波濤洶湧的浪潮，而站在斯芬克斯的人面獅身像前拍照。

三年後，政府又派遣了使節團至法國。即使在歐洲停留的期間適逢幕府崩壞的動盪，但使節團們卻仍舊背負著重要的使命——正式參加巴黎舉辦的萬國博覽會，讓世界各國認識日本。首次參加萬國博覽會的他們，帶著漆器、浮世繪、貴金屬工藝品等種類豐富的日本特產品前往會場。

使節團一行人，由德川慶喜將軍的弟弟——十四歲的德川昭武（為德川慶喜的代理）——

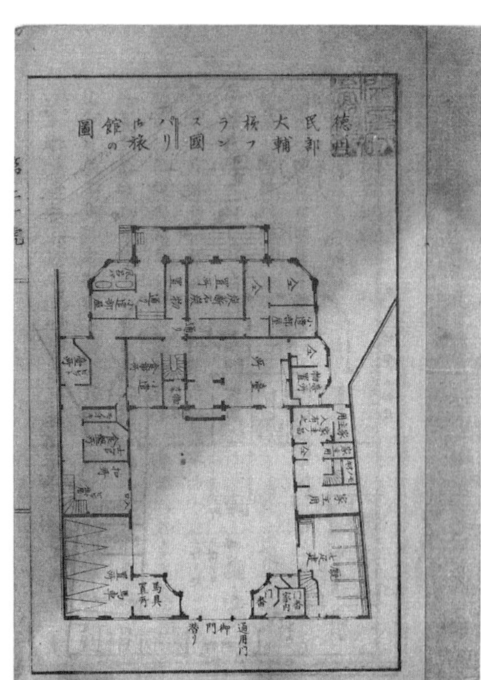

◆ 1867 年（慶應 3 年），為了參加萬國博覽會，德川昭武一行人前往巴黎，在格蘭飯店待了大約兩個月的時間。因為開支龐大，後來便將住宿地點換到佩格利斯館（俄國貴族之館）。圖片來自 1868 年（慶應 4 年）4 月 3 日的《中外新聞》。

領團出發，其中的成員也包含澀澤榮一。澀澤氏在後來有「日本近代資本主義之父」的稱號，出身富農家庭，看見歐洲發達的社會後，領悟到人民的幸福可以藉由自由的企業活動以及經濟的活性化獲得實現。這趟旅行，除了有參加萬國博覽會的重要目的之外，在歷史性的意義上，也可以說是澀澤氏大開眼界的啟蒙之旅。

最初的海外旅行導覽

一八六三年（文久三年）五月十二日，日本有五名年輕人使用假名，秘密搭上英國船隻，從橫濱出港。這五名年輕人便是繼續推動攘夷運動的伊藤博文與井上馨，以及後來被譽為「日本鐵道之父」的井上勝等長州藩士。

長州藩的戰略，是一方面在下關對外國船隻

◆ 巴黎的格蘭飯店。1862 年在歌劇院隔壁開幕。最初的遣歐使節團（日本為了與歐洲交涉，希望能延後江戶及其他地區的開港）、為了交涉橫濱鎖港事宜而派遣的使節團、參加巴黎萬國博覽會的使節團，相繼入住過這家飯店。

施予砲擊，另一方面也著手培育得以對應國際社會的人才菁英。因此，在英國貿易公司的從中斡旋下，將日本留學生送至倫敦。在船上，這些留學生受到的待遇與水手毫無二致，但他們在倫敦的所學所思，後來皆活用發揮在明治的新政府之中。

當歐美的文化、文明活生生地擺在眼前，留學生們傾向開國的意願便加強了，又或者說，在「視察敵情」後，留學生們進一步擬定開國後的對應政策，甚至最後顛覆了尊皇攘夷的固有思想——幕末時期的海外之旅，可謂意味深長。

前文提及的福澤諭吉也曾三度前往海外，將所見所聞的進步思想消化理解成為自己的知識，並將見聞寫成《西洋狀況》（尚古堂，1866）、《西洋旅行導覽》（尚古堂，1867）與《文明論之概略》（福澤諭吉，1875）。

其中，特別饒富興味的是《西洋旅行導覽》中的實

◆福澤諭吉的《西洋旅行導覽》，上下卷2冊加上外卷共3冊。外卷由慶應義塾的吉田賢輔擔任編輯，收錄英語會話集等內容。

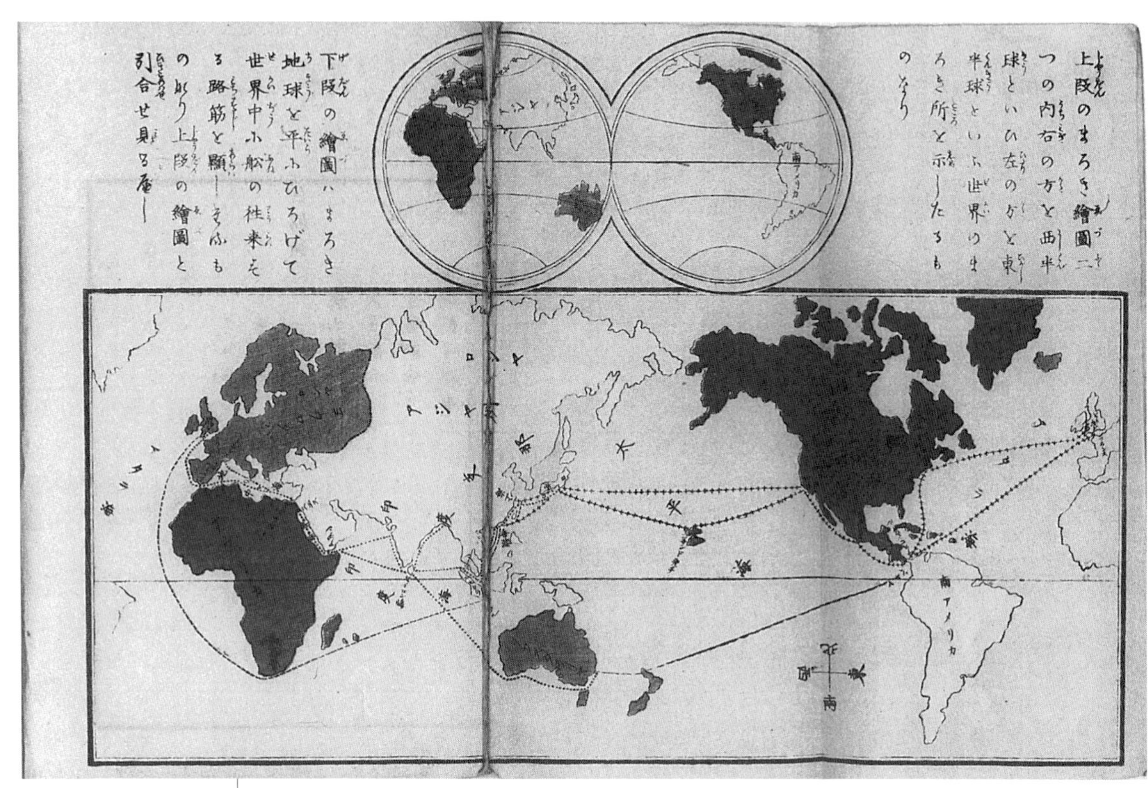

◆《西洋旅行導覽》收錄的世界地圖。現今的太平洋在當時為太平海、大西洋為「阿塔拉海」，❺夏威夷群島則是三明治群島。❻

用性內容。福澤氏於該書表示，自前一年開始，為了民間人士的貿易及學業，政府解除了海外渡航的禁令。這本書籍的首次發行，恐怕也是為了這個原因，可謂恰合時宜地出版。飛腳船❼的模樣以及乘船須知、匯兌、貨幣價格等，將自己的珍貴體驗與外文書籍的摘錄統整成書。

然而，福澤氏也在書中聲明，該書的閱讀對象是初學者。對於熟悉精通這方面的人而言，「就算看了，也會覺得一點也不有趣，是本無用之書。……作者在此希望，未來將不再有讀者需要參考這本導覽書」。可見福澤氏冀望將來海外旅行能夠愈趨盛行。

日本同胞應該相互幫助

福澤諭吉的冀望，後來可說在一定程度上獲得了實現。正如前文所述，一八六六年（慶應二年）四月，幕府解除海外渡航之禁令。雖然允許渡航的國家只有締結條約的英國、美國、法國、荷蘭、俄國等七個國家，但是只要完成規定手續，便能拿到海外渡航的許可證。❽很快地，便出現以商業、移民居住、雜技演出等目的而申請的渡航者。最早交付許可證的是隅田川浪五郎等全團藝人。不過，這個時期最主要的申請者則是留學生，在慶應二至三年間，共有八十多名藩士申請，得以前往海外留學。

在廢藩置縣前的一八七〇年（明治三年），政府命令大藩的十五藩中，各藩必須派出兩名人士至海外留學、視察。一八七〇至一八七一年的兩年間，留學生的數目達到四百人，可以視為政府急於導入西洋學問及技術的結果。

渡航之時，渡航者會親手拿到如下所述的注意事項：在國外，日本同胞應該相互幫助、勿與外國人吵架滋事或以刀傷人、勿做毀壞名譽之事、不向外國人資借金錢等如同告誡、教誨般的內容。在日本國際地位仍處於低下的時代，從注意事項中可以看見政府上層若隱若現的父母心。

一般團體首次環遊世界一周

遣美使節團於開港翌年從橫濱出港後，經過約半世紀的一九〇八年（明治四十一年），是年三月十八日，橫濱港人聲鼎沸，熱鬧非凡。樂隊的演奏響徹雲霄，絢麗的煙火燦爛天際，日本首次以一般團體身分環遊世界一周的五十六名成員，在「空前的壯舉，無比的快遊」之宣傳下，搭乘蒙古號（モンゴリアン号）準備出發。

以九十六天的日程繞北半球一圈的環遊世界一周之旅，是朝日新聞社企劃、募集的活動。同樣由該社發行、石川周行編的《世界一周畫報》上，記述活動目的如下：

> 自日俄戰爭以來，日本也躋身世界一等國家之列，雖然與歐美列強已有對等的交際往來，但

鎖國日久的日本，還是十分被動內向。周遊海外等事，不少人覺得極為麻煩。……因此，敝社發起環遊世界一周會的企劃，盡可能地簡便輕鬆，在花費的時日及費用上也盡可能地壓低，希望能讓參加者親眼看看世界的重要地區。

開國後經過半個世紀的當時，或許還與方才提及的福澤諭吉之冀望相背，試著到海外旅行的一般人並不多。

即便如此，也應該存在這樣的人——在心裡想著，只要有機會，還是想到海外去走走看看。也正因如此，儘管參加活動的費用，等同於當時警察首次任職薪資的十四年半的份——二十萬日圓（當時面額為兩千一百日圓）之高額數目，❾卻還募集到許多民眾報名參加，其廣大的迴響超乎報社預料。而且，這個旅行團擺脫了

◆ 詳細報導一般團體首次環遊世界一周的《世界一周畫報》（朝日新聞社，1927）。照片為參加者們在柏林的飯店前留下的紀念照。

「被動內向」的性格，竟然出席了美國總統迪奧多・羅斯福（Theodore Roosevelt）的接見。《世界一周畫報》報導環遊世界旅程中最為精采的場面如下：

（總統）以明朗有力的語調，向每個人打招呼：「某某先生，我非常高興能和你見面。」並用力地握手。……以彷彿折斷手指一般的勁道，用力地握手。

實際上在兩年前，朝日新聞社便已企劃、實施環遊滿州、韓國之旅。三百八十九位旅行者花費約三十天的日程，漫遊滿州及韓國。這也可以說是首次的海外套裝旅行。

為何報社會企劃旅行呢？據說是使命感使然，因為報社必須經常提供讀者新鮮、嶄新的話題。

◆ 1927 年（昭和 2 年）由海外旅行導覽社發行、上村知清的《歐洲旅行導覽》。書中強調：「旅行導覽書的好壞，可謂左右旅行生命一般地重要。」並記述道：「以自己的親身經歷，奉獻給諸位。」

◆ 羅馬觀光的導覽者加藤佐太郎發行的導覽手冊。其中，加藤氏被介紹為「數十年來專門接待日本人旅客的安東尼奧」。

可以說環遊滿州、韓國之旅的成功，以及媒體的宣傳力和影響力，在背後推動了世界一周旅行的實現。

此外，環遊世界一周旅行的活動，也獲得旅行社的先驅者湯瑪斯・庫克公司（Thomas Cook Group plc.）的鼎力協助。該社創辦者為湯瑪斯・庫克，是世界上首次企劃並實施團體旅行的英國公司，早在一八七二年（明治五年）便組織全世界第一個環遊世界一周的旅行團。湯瑪斯・庫克公司的協助，也是朝日新聞社企劃得以成功的要素之一。

「日本的步步逼近」

話說回來，近代的海外旅行與今日相較，並非單純地出外遊山玩水、觀光遊興，視察及留

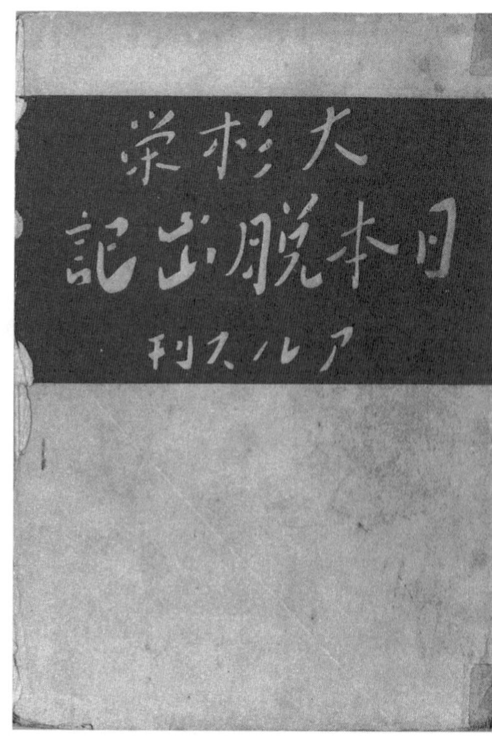

◆思想家大杉榮，一心一意想見到無政府主義者內斯托爾・伊萬諾維奇・馬赫諾，因而在 1922 年（大正 11 年）前往法國。在法國待了約半年的時間，將其體驗寫成《逃離日本記》（藝術社〔アルス社〕，1923）。內容詳細介紹了巴黎的飯店、飲食、廁所等。

學等目的反倒十分濃厚。不難想像，當時認為首要追求的是理解、吸收歐美的文化與文明，且單只為了觀光便能隨意出國旅遊的富裕之人，也是社會中的極少數，寥若晨星。在巴黎過著豪華鋪張的生活，並援助日本藝術家的薩摩治郎八（父親治兵衛被稱為木棉王，為明治大富豪的其中之一），與蒐集名畫、構築起松方收藏品的松方幸次郎（明治時期的政治家，松方正義之三男）等人，就屬例外中之例外。

在這個時期，森鷗外、夏目漱石與永井荷風等「留洋的保守主義者」[10]也在歷史上登場。他們批判日本的現狀，認為即使模仿歐美也無法與之匹敵。此外，也與重視事實的自然主義互不相容，站在反自然主義的立場，對於江戶時代的美之意識以及道德觀展現出強烈的關心及興趣。

◆思清水正己的《從商業看歐美都會觀光》（日本評論社，1924）。作者為雜誌《商店界》之主辦人，帶著5位家人前往歐美，詳細觀察當地的商業設施。當時已經開始了這種類型的視察旅行。

他們以留學為目的前往海外。森鷗外自一八八四年（明治十七年）起停留德國四年；漱石於一九〇〇年（明治三十三年）起待在倫敦三年；荷風則在一九〇三年（明治三十六年）前往美國留學，待在美國四年，並在法國生活一年。親眼目睹及體驗海外生活的實際狀況，想必也因此加深了對於母國的思慕之情。

一九三六年（昭和十一年）遠渡重洋前往歐洲的橫光利一，埋首研究「對日本而言，歐洲究竟是何物」之大哉問，寫成《旅愁》。⓫ 被認為是作者分身的主角矢代，其心情有如下的表現：

為何自己會如此認真、持續不斷地思考著日本的事情，就連自己也覺得不可思議！……在接近歐洲的同時，日本卻步步逼近地向前攻略，

◆岡本一平的《世界一周的圖畫信紙——美國》（磯部甲陽堂，1924）。岡本一平以輕快瀟脫的文筆與漫畫廣受歡迎，同時也是後來成為知名藝術家岡本太郎的父親。岡本一平在文中幽默詼諧地提到環遊世界一周的好處：「多少可以獲得旁人的尊敬」、「可以用『帝國飯店就像我家的客廳一般』的神情，向客人介紹」。

占據我的腦海。

註釋：

❶—譯註：箱館，現今的函館。

❷—譯註：本名中濱萬次郎，又有「ジョン万次郎」之稱呼。

❸—福澤諭吉著，富田正文校訂，《新訂福翁自伝》（新訂福翁自傳），岩波文庫，岩波書店，1978。

❹—市川清流著，楠家重敏編譯，《幕末歐洲見聞錄——尾蠅歐行漫錄》（幕末欧州見聞録——尾蠅欧行漫録），新人物往來社，1992。

❺—譯註：阿塔拉海，Atlantic Ocean的日文簡縮稱呼。

❻—譯註：三明治群島，由詹姆斯・庫克船長（James Cook）登上群島時命名。

❼—譯註：飛腳船，江戶時代主要港灣供臨時急用的小船，不問官民身分，皆可利用。

❽—許可證，護照（日文為旅券）之名稱，是一八七八年（明治十一年）才決定。

❾—週刊朝日編，《明治・大正・昭和的價格風俗》（史値段の明治・大正・昭和風俗史），朝日新聞社，1981。

❿—槌田滿文，《明治大正的新語・流行語》（明治大正の新語・流行語），角川選書，角川書店，1983。

⓫—橫光利一，《旅愁》，改造社，1940。

十九、魔都·上海

銀座也無法匹敵的繁華熱鬧

今日有著顯著發展的上海，在過去也曾被稱為「摩登都市」、「東洋的巴黎」或「魔都」，為少數聞名世界的國際都市。同時，對日本人而言，也是特別熟悉、容易適應的海外都市，日本國內甚至出現「長崎縣上海市」的別名。

根據一九二八年（昭和三年）三宅克巳的〈世界巡禮〉[1]一文，描述繁華熱鬧的南京路：「本國人及外國人的大商店櫛比鱗次，其完善、繁華之景，絕非銀座可以比擬。」此外，文中也提到「茶館、酒樓、妓院等，散發妖豔嫵媚氣息的店家棋佈星羅。夕陽西下後，滿街化為不夜城……」，報告世界歡樂鄉的盛況。

上海開港的時間，較日本解除鎖國的時間還要早，為一八四〇年（天保十一年），起因於清朝與英國之間爆發的鴉片戰爭。最後由英國取得勝利，上海遂成為英國、法國及美國的租界（行政上由外國管理的一定區域），同時也奠下國際都市的

◆ 1939 年（昭和 14 年）開業，面對北四川路的新亞細亞飯店（共 320 間客房）。飯店內也備有和室客房，介紹手冊上也記載著日本的總經理名字。

根基。

其象徵性的風景，便是外灘地區古典西洋建築之中（非中國風格）最具代表性的建築物——誕生於一九〇六年（明治三十九年）的匯中飯店（Palace Hotel）。後來成為和平飯店南樓。

緊接著，匯中飯店的誕生，似乎催生了其他飯店的出現。六年後，白渡橋（Garden Bridge）畔建設出另一間飯店——禮查飯店（Astor House Hotel，創業於一八六〇年，後來的浦江飯店）。❷這個時期，這些高級飯店成為上流階級的停留處所，相互競爭。其後，又有一個陸上象徵性的地標誕生——於一九二九年（昭和四年）完工的沙遜大廈（Sassoon House）。

沙遜商行的創設者大衛・沙遜（Elias David Sassoon），以鴉片買賣的生意累積了雄厚的財力。沙遜家族在當時成為上海的大地主，於

◆ 上海賽馬場面對南京路，附近的飯店以鄰近賽馬場之地理優勢為賣點。由英國人創設。

上海的超級高價地段建設高樓大廈，其中也納入了華懋飯店（後來的和平飯店）。當時被視為首領級存在的維克多・沙遜爵士（Sir Ellice Victor Sassoon）便在此設置辦公室，累積了龐大的資產。

許多前來上海的著名人士，都成為華懋飯店的顧客。演員兼劇作家的諾爾・寇威爾爵士（Sir Noël Coward）便在飯店內完成創作；女演員瑪琳・黛德麗（Marlene Dietrich）也在豪華客房的房客名單上留名；知名電影《大飯店》（Grand Hotel）的作者維奇・包姆（Vicki Baum）在進行《上海飯店》（上海ホテル）的採訪活動期間，也住宿在華懋飯店內。沙遜大廈逐漸成為上海的中心。

◆ 維奇・包姆（Vicki Baum）《Shanghai' 37》的日文版《上海飯店》（葦田坦翻譯，改造社，1939）。內容最高潮之處便是描寫中日戰爭的「黑色星期六」，當時的炸彈落在上海的外灘地區。

◆ 位於上海外灘地區南端的女神像「和平紀念碑」（紀念第一次世界大戰勝利的女神像）。第一次世界大戰結束後，由居住在上海的各國居民建立，1924 年（大正 13 年）舉行揭幕儀式。

「長崎縣上海市」

不久，對日本人而言，上海便成為最鄰近的外國。長崎—上海航路開通後，昭和初期約兩萬名住在上海的日本人中，有三分之一是長崎縣民。因此，便如前述一般，漸漸出現「長崎縣上海市」的說法。

住在上海的外國人，最初以英國人佔最多數，到了大正時期前半葉，便由日本人坐上第一名的寶座。正是如此，被上海擄獲心神的日本人不在少數。特別是作家村松梢風在大正時期後半前往上海，寫出《魔都》❸及《上海》，❹在文壇上更掀起一股上海熱潮。

受到刺激的不僅僅是文壇而已。進入昭和時期，日本軍部門的發言力開始增強，對此感到沉悶不堪的日本人民，看著混融各式各樣、五

◆ 活躍於長崎—上海航路的長崎丸（屬日本郵船）之社交室。1923 年（大正 12 年）起，與上海丸聯合推出一周兩趟的航班。船隻的乘載人數為 355 人。

上海警備の日本兵士と印度人巡捕（事變後の狀態）
上海の行政機關は工部局で交通整理は主として
印度人巡捕である

◆由各國警察維持著市內治安。圖右為日本人，圖左為印度人。據說印度人主要負責交通狀況。

花八門的文化、呈現混沌狀態的上海都市，更覺得其無比魅惑，移居上海的日本人數因而急速增長。

日本軍部門得以誇耀力量的日子終於到來。一九三二年（昭和七年），日本與中國發生軍事衝突，爆發一二八事變（日本稱為上海事變），展開市街戰，悲傷的歷史就此揭開了扉頁。出生於上海的J・G・巴拉德（James Graham Ballard）在少年時代，曾親眼目睹一九四〇年代初期日本軍隊的侵略攻擊，後來寫成自傳式小說《太陽帝國》。❺後來這部作品由史蒂芬・史匹柏（Steven Allan Spielberg）執導，拍攝成為電影。

另一方面，一九四二年（昭和十七年）五月，太平洋戰爭已經開始，經營日光金谷飯店的家族成員金谷正夫，接收到軍方的命令，就任前述匯中飯店的總經理。

金谷氏將任期中的大小事，鉅細靡遺地記錄在一九四四年（昭和十九年）的《上海記》（興風館）之中。根據此書，飯店顧客的國籍遍及十七個國家，而工作人員的國籍也有十一國之多。金谷氏寫道：「這才是真正的國際社會。」經過半年的時間，他抱持的感想如下：

上達世界文明的最高水準，下至世界文明的最低水準。看著差距甚大的各種文明水準混合雜處的姿態，對於為何會形成如此的一個社會，感到不可思議。

金谷氏如此評論上海的光與影，並詢問能用七國語言溝通的工作人員，為何能使用多國語言？

聽見新的單詞，便在紙上重複寫下十次。如此一來，便能大約記住單詞的發音，接著再寫進這樣的小冊子裡，偶爾拿出來使用。

據說這位工作人員，也很快地運用相同的方法學習日語。

註釋：

❶—三宅克巳，〈世界巡禮〉（世界めぐり），收錄於《大日本百科全集》第三十五卷，誠文堂，1928。

❷—譯註：禮查飯店拆除舊樓後，才於白渡橋畔重新建造大樓。

❸—松梢風，《魔都》，小西書店，1924。

❹—松梢風，《上海》，騷人社，1927。

❺—J・G・巴拉德著，高橋和久譯，《太陽帝國》（太陽の帝国），國書刊行會，1987。

二十、

劃時代的公共遊覽巴士

話說「鴿子巴士」（はとバス）的著名之處，便是能輕鬆地坐在車內進行東京名勝巡禮之行程，其原型——東京遊覽公共汽車——於一九二五年（大正十四年）誕生。該社在宣傳冊上記述著東京遊覽公共汽車的便利性如下：

△眺望式的高級汽車，輕鬆舒適，能夠自由自在地在車內欣賞沿路風景。……△必定有位置可坐，且冬暖夏涼，不須擔心換車問題，無論是婦女還是老人，都能愉快地觀光。△一整天都能和同行者談天說地，觀光行程也不會有所延誤。……

過去從未出現過這種公共遊覽巴士，對旅行者而言，實為非常便利的交通工具。將這個劃時代的交通工具導入東京的人物為渡邊滋。根據鴿子巴士社史編纂委員會編輯的《鴿子巴士

◆ 1933 年（昭和 8 年）發行的導覽書《東京遊覽公共汽車》（東京公共汽車遊覽課）。「附有親切的女性導遊／遊覽一趟 8 小時／ 3 圓 30 錢」。

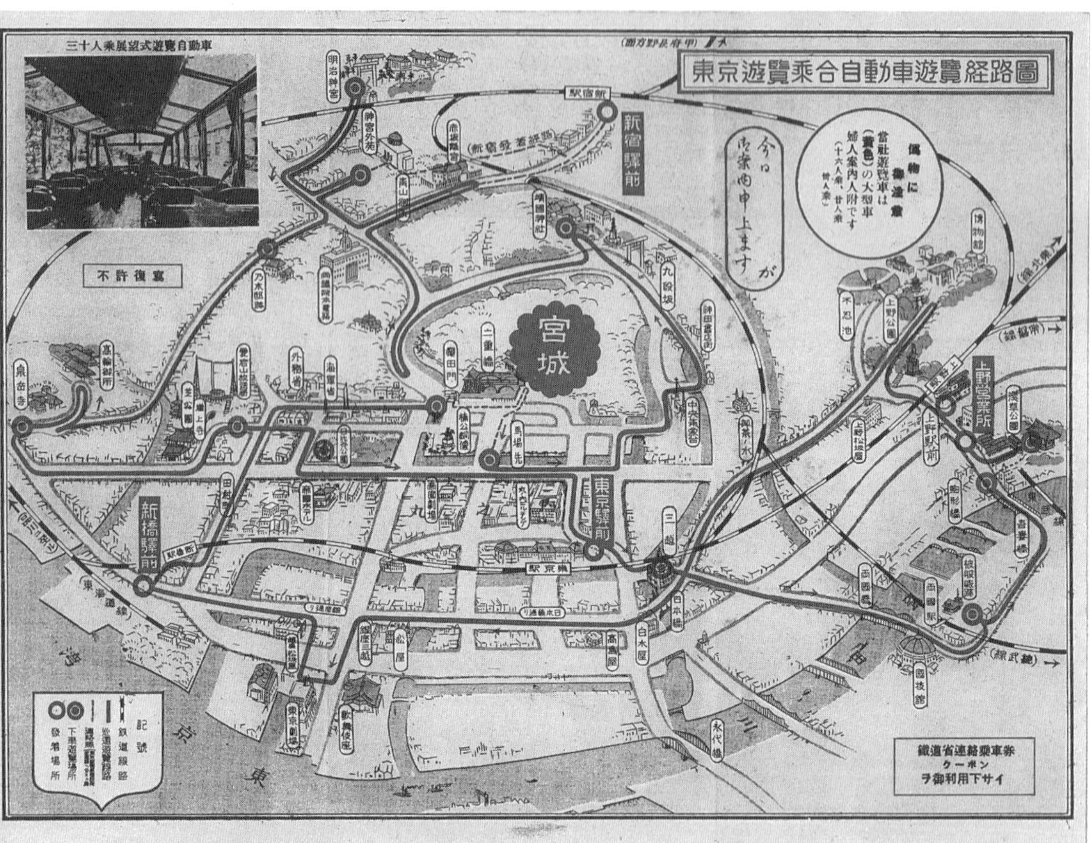

◆ 收錄於《東京遊覽公共汽車》的遊覽路線圖。路線圖上有可供公車導遊寫上名字的欄位，左上方則放上公車的照片，可以看見車內大大的窗戶，宣傳著遊覽公共汽車的遼闊視野。

三十五年史》，❶渡邊氏為大學教授，曾任職於車輛相關公司，注意到海外的遊覽巴士，因此下定決心導入新事業。

那麼，公共遊覽巴士的東京巡禮路線上有那些地方呢？參考筆者手邊一九三三年（昭和八年）版本的路線圖，試著一起「乘車」遊覽：首先，由上野車站出發，經過日本橋、銀座、新橋等處，在櫻田門下車，徒步至馬場先門，遊覽皇居後再上車。遊覽巴士沿著九段坂後抵達靖國神社，下車遊覽。接著再前往神宮外苑、明治神宮、乃木邸、泉岳寺、愛宕山、日比谷公園等地觀光，並通過東京車站前、轉向國技館，遊覽衣廠遺跡的震災紀念堂。❷其後至淺草時也能下車遊覽，最後回到上野，結束一日的觀光行程。

◆百貨公司觀光也是遊覽東京的樂趣之一。照片明信片為 1933 年（昭和 8 年）竣工的日本橋高島屋百貨公司。與謝野晶子曾以短歌詠道：「高島屋／壯大了絢爛都市的面積／層層堆疊。」

新宿成為東京第一的街道

明治時代的東京名勝有那些地方呢？

根據《權伯連的明治旅行導覽——橫濱・東京篇》（請參照〈外國人眼中的日本〉）一書，記錄如下：

上野公園是這個大都會中最受歡迎的遊覽勝地。

赤坂與麻布為東京最高的高地，屬於健康的場所。不過，旅行者似乎對這裡不太感興趣。

任誰也不會錯過的地方，為東京最重要的道路——新橋車站至眼鏡橋❸一帶。

至於東京近郊，則記述有：「目黑是頗受歡

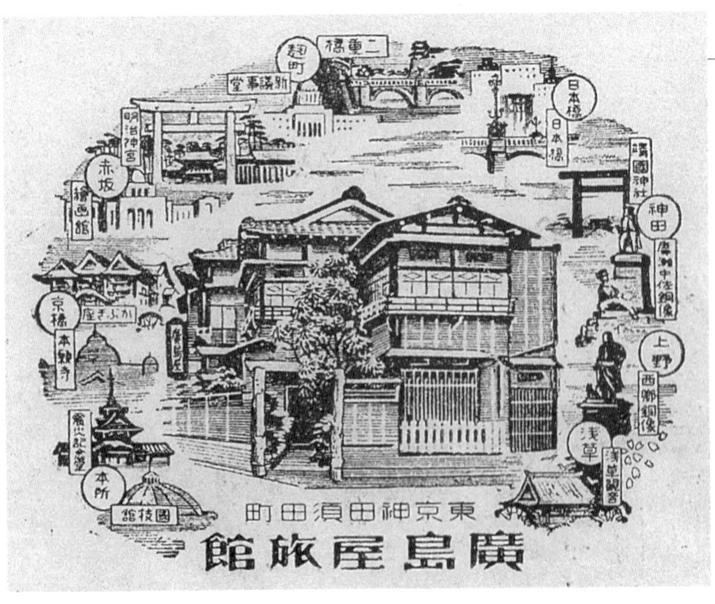

◆廣島屋飯店（於東京神田須田町）的紀念圖章，細緻地刻畫了東京的主要名勝。圖版收錄於江口次郎的《名勝溫泉飯店圖章集》（日本圖章協會，1934）。圖章於1931年（昭和6年）在國鐵的福井車站車站設置後，廣為流行，開始出現蒐集各車站、名勝以及飯店製作的圖章之風潮。

迎的遊覽勝地」、「（池上的）大寺院本門寺……高大挺拔的樹木，為東京近郊最為美麗的場所之一」。換句話說，當時的目黑及本門寺一帶，仍屬東京的郊外地區。

東京的中心地區，於一八七八年（明治十一年）根據郡區町村編成法，誕生了十五區。與今日東京的二十三區相比，明顯地狹小許多，可以說是與過去的江戶相互重疊的地帶。

成為大東京的一日，終於到來。一九三二年（昭和七年）合併了鄰近地區，成為三十五區的大東京，其面積一舉擴張七倍大，人口也達到五百五十萬人，為僅次於紐約、排名世界第二的大都市。因為關東大地震的影響等，東京人口大量湧入近郊地區，為了解決行政上的問題，因此採取合併的政策。自此之後，郊外地區也被納入都市的內部。

宛如是此一動向的象徵，原為近郊地區的新宿，開始大大地發展了起來。在《新宿車站一〇〇年的腳步——新宿車站開業一〇〇周年紀念》[4]中記述道：「當時的新宿，在往來人口及車馬的交通流量上，已屬日本第一。」

文中的「當時」，為一九三四年（昭和九年）之時。日本旅行協會發行的《協會讀本》中，刊載著當年國有鐵道各車站的一日平均乘客人數。同書也另將火車車站與電車車站分開介紹：在火車車站的一日乘車人數上，新宿車站較東京車站的六萬五千八百九十九人還多，為七萬五千三百三十六人，站上首位；至於電車車站一日乘車人數最高的，則為澀谷車站，有四萬二千六百一十四人；但若將火車與電車的一日乘車人數相比較，新宿車站還是高居首位。

新宿車站於一八八五年（明治十八年）開業。然而開業當時，站前廣場雜草叢生，根據前揭《新宿車站一〇〇年的腳步》一書的紀錄，可知「一天大約只有五十名左右的乘客，要是下雨的話，無一乘客在這裡上、下車的日子也不少見」。歷史悠久的老店——中村屋——於一九〇七年（明治四十年）由本鄉遷店至新宿時，也表示「新宿的荒涼程度，是現今找不到任何地區可以比擬的」。❺根據《中村屋店主相馬愛藏氏歐洲視察談》❻一書，相馬氏詳細視察歐洲的百貨公司後，下定決心要發揮自己經營個人商店的優點，與百貨公司相互對抗，並加強了自信心，認為自家的麵包比巴黎的麵包還要美味。

不久，新宿地區隨著郊外住宅地的開發，咖啡店、電影院、百貨公司等各家商店也開始聚

◆1922年（大正11年）開業的新宿飯店，位於中村屋的後門，是客房多達80間的大規模飯店。導覽手冊上，宣傳著新宿的繁華樣貌：「新宿名符其實地，是大東京的中心地帶」、「百貨公司林立，繁盛昌隆，……夜燈宛如燈海一般」。劇場、電影院等娛樂設施也聚集在新宿，「日薄西山後，人潮猶如浪潮一般，一波又一波地襲來」。

集，成為繁盛熱鬧的場所。流行歌曲〈東京行進曲〉❼中的歌詞：「與眾不同的新宿／武藏野的／月亮也從百貨公司樓頂升起」，吸引了許多旅行者一訪新宿。

註釋：

❶—鴿子巴士社史編纂委員會，《鴿子巴士三十五年史》（はとバス三十五年史），鴿子巴士，1984。

❷—譯註：震災紀念堂，現今的東京都慰靈堂。

❸—《權伯連的明治旅行導覽》一書譯註：眼鏡橋，現今以萬世橋為人所知悉。

❹—《新宿車站一〇〇年的腳步——新宿車站開業一〇〇周年紀念》（新宿駅１００年のあゆみ——新宿駅開業１００周年記念），日本國有鐵道新宿車站，1985。

❺—相馬愛藏，《作為一位商人——信念與體驗》（一商人として——所信と体験），岩波書店，1938。

❻—相馬氏歸國歡迎會編，《中村屋店主相馬愛蔵氏欧州視察談》，相馬氏歸國歡迎會，1928。

❼—〈東京行進曲〉由西條八十於一九二九年（昭和四年）作詞。

後記

筆者查了日文漢字中「旅」之字源——去除「旗」字的「其」，加上「从」（意指人群聚集），組合而成「旅」字。換句話說，「旅」字之意，原是表現眾多兵士聚集在軍旗之下的景象，也因為軍隊會四處移動，逐漸變成我們現今認知的「旅行」之意。

一九三七年（昭和十二年）中日戰爭爆發後，日本旅行協會的工作人員人數，無論在本部或大連滿州支部，都持續地增加。太平洋戰爭開始後，飯店的營業額也向上成長。

很容易先入為主地認為——像飯店這一類的觀光娛樂產業，一定無法繼續生存下去。然而實際上，反而在戰爭開始以後，旅客的人數增加，飯店的營業額也有所成長。雖然一般旅客的旅行受到限制，但是軍人的往來以及官員的出差都比過去增加了不少。❶

不過，當戰況越演越烈，旅行界的周邊環境也逐漸惡化。旅行雜誌《旅》，由於紙張配給的終止，於一九四三年（昭和十八年）八月號後停刊。翌年四月，作為旅行運送限制政策的一環，

◆1938年（昭和13年），由京阪電車、太湖輪船發行的宣傳手冊《琵琶湖諸島一周巡禮》。這時候，便已經出現「鍛鍊身心」、「國民精神總動員」等文字，還會漫遊明治天皇「誓之柱」聳立的多景島等。隨著戰爭的推進，強化祖國意識的史蹟巡禮等「國策旅行」的色彩亦愈發濃厚。

實施旅行證明制度，約一百公里以上的長距離旅行者必須持有旅行證明書方能成行。根據報紙的報導，在制度實施之後，國鐵旅客的人數減少了三成。

太平洋戰爭爆發的前一年，一九四〇年（昭和十五年）出版的井上萬壽藏《觀光讀本》（無何有書房）一書中，有著如下敘述：

> 所謂的觀光世界，便是各個地方、國家以他們自己的方式吸引觀光客前來，並讓人看見他們的地方風情與國情，從而產生親善友好之情誼。如此的效果……為觀光事業最重要，同時也是最高之目的。

作者井上萬壽藏有赴美之經驗。井上氏表示，日本與美國關係日漸惡化之時，站在日本的立

◆《青年徒步旅行》（廣島鐵道局，1939）。進入昭和時代，流行健行活動，加上中日戰爭的爆發，出現以鍛鍊身心、培養規律行動、適應樸實剛健的團體生活為目的，獎勵青年的數日徒步旅行活動。

場為自己辯護的，便是親日派、熟悉日本的人們。井上氏也借用歌德的名言：「知曉為愛之源始。」

近代的旅行產業、文化、文明，是在廣大世界的支持下發展成形。近代旅行的多樣化，也是鐵道、輪船、公共汽車等交通工具，以及住宿、觀光設施的整備，加上風光明媚的自然景觀、風景名勝、名產料理等豐富的觀光資源，與各式各樣搔弄旅情的媒體宣傳及背後所有辛勤工作的人們，一起構築起來的風景。不過，這也是在「和平」的大前提之下，才能實現的結果。前文提及「旅」之字源來自軍隊，但在時代的流轉下，字義也產生一百八十度的大轉變。

為了本書的總結，筆者重新造訪象徵近代旅行的設施。其一是舊有的「新橋停車場」，在

◆停刊前的雜誌《旅》1943年7月號，由日本旅行俱樂部發行。封面使用有樂町車站剪票口的女性剪票員照片，內容刊載〈女性進軍交通界〉等文章。

汐留的超高層大廈街道中復原再現。二樓的鐵道歷史展覽室中，筆者參觀了題為「東海道／江戶之旅／近代之旅」的展覽，其中有如下記述：「鐵道的發達，使乘客在抵達目的地之前，可以從『車窗』這一個方框中眺望沿路風景。『車窗』為明治時期創生之詞，對當時的人們來說，或許聽起來便是足以搔弄旅情之字詞。」確實，在這樣的小地方，也可以看見先人們的智慧。

筆者造訪的另一處，是停靠在橫濱港的冰川丸。經過約一年的修繕工程，於二〇〇八年四月重新對外開放參觀。說到冰川丸，是當時許多沉毀於戰火的船隻中唯一倖存的一艘輪船，可謂戰前輪船黃金時代的遺跡，屬於寶貴的「近代旅行相關遺產」。

在參觀動線的最後，可以看見「對冰川丸的

◆谷口梨花（當時於鐵道院運輸局工作）的《自火車車窗》（博文館，1918）。書中記述道：「坐在車窗邊翻閱這本書，可以讓旅行者從車窗內欣賞到的風景，更加地活靈活現，充滿生命力。」

◆1930年（昭和5年）加入西雅圖航線的冰川丸（屬日本郵船）。圖版來自以外國人為對象的宣傳手冊（發行年不詳）。因戰爭而毀壞的船隻，光看日本郵船這家公司，毀壞的數目也高達了185艘。❷

十行回憶」之展示，裡頭有位九歲男孩的投稿，表示自己在四歲的時候第一次參觀冰川丸，其後也數度造訪；二〇〇六年年底休館時，曾「傷心地大哭」；在得知重新開放的消息後，「十分欣喜雀躍」，並希望自己無論在長大成人之後，或年老體衰之時，冰川丸都能永遠地留存下來。

旅行的樂趣，當然因不同的人，而有不同的體會。正如前文所述，近代可說是將其樂趣增大、拓廣的時代。筆者在此，希望能藉由青弓社的矢野惠二先生的幫助，將這段過程傳達給更多人知道。

富田昭次

註釋：

❶— 阿部要介，《札幌格蘭飯店的五十年》（札幌グランドホテルの５０年），三井觀光開發，1985。

❷— 日本郵船歷史博物館編，《日本郵船歷史博物館——常設展示解說書》，日本郵船，2005。

近代旅行大事紀

安政 六年 1859 江戶幕府時期，箱館、橫濱、長崎開港通商。

萬延 元年 1860 遣美使節團赴美。

阿禮國為最早登上富士山頂的外國人。

位於橫濱居留地的橫濱飯店開業。

慶應 二年 1866 幕府解除海外渡航之禁令。

三年 1867 福澤諭吉出版《西洋旅行導覽》。

四年 1868 因神佛分離令，引起廢佛毀釋運動。

二代清水喜助完成築地飯店的工程。

明治 二年 1869 迎賓館之延遼館完成於濱離宮。

蘇伊士運河開通。

三年 1870 東京開始有人力車的製造與販賣。

五年 1872 第一條鐵道正式通車：新橋—橫濱。

七年 1874 各國取得日本內地的旅行權。

十一年 1878 伊莎貝菈・伯德前往東北、北海道旅行。

十二年 1879 成立專業導遊公會——開誘社。

「海水浴」一詞，首次出現於《內務省衛生局雜誌》之中。

十四年 1881 英國外交官薩道義出版《中部・北部日本旅行導覽》。

日本阿爾卑斯山的存在起自於威廉・高藍德，給予艾內斯特・薩道義啟發。

十五年　1882　第一條馬車鐵道開通：新橋—日本橋。

十六年　1883　備有住宿設施的鹿鳴館完工。

十七年　1884　於橫濱富岡的海水浴養生場開始營業。

十八年　1885　於神奈川縣大磯開設海水浴場。

依光方成環遊世界之旅出發。

十九年　1886　日後作為避暑勝地的輕井澤，向前跨出了第一步。

二十二年　1889　東海道線（新橋—神戶，約二十個小時）全線開通。

二十三年　1890　足以與迎賓館匹敵的帝國飯店開幕。

於淺草完成淩雲閣（通稱十二樓）的建設。

二十四年　1891　華特・韋士頓首次登上日本阿爾卑斯山，親身體驗其美景。

二十五年　1892　陸軍少校福島安正獨自完成橫斷西伯利亞之旅。

二十六年　1893　作為外國旅客的仲介機構——喜賓會（Welcome Society）成立。

二十七年　1894　作為定期刊物的時刻表開始發行。

志賀重昂出版《日本風景論》。

二十八年　1895　京都的路面電車開始運行。

※甲午戰爭結束。

三十二年　1899　山陽鐵道首次導入食堂列車。

三十三年　1900　〈鐵道唱歌〉誕生。

夏目漱石出發前往英國留學。

三十四年 1901 中村直吉出發，進行環遊世界的不消費旅行。
三十五年 1902 大谷探險隊首次前往中亞。
三十六年 1903 第一個高爾夫俱樂部誕生於神戶六甲。
三十七年 1904 西伯利亞鐵道（莫斯科—海參威）開通。
三十八年 1905 ※日俄戰爭結束。
日本山岳會成立。
南新助將參拜團送至高野山及伊勢神宮。
開設下關—釜山的關釜聯絡船航路。
三十九年 1906 公布鐵道國有法。
設立南滿州鐵道。
於諏訪湖舉辦第一屆滑冰會。
四十一年 1908 首次一般團體環遊世界一周旅行。
首艘大型豪華輪船——天洋丸竣工。
送出第一批巴西移民。
四十四年 1911 雷路伊少校開辦滑雪講座。
菅野力夫出發周遊世界各國。
日本橋改建為石造拱橋。
白瀨南極探險隊抵達大和雪原。
四十五年 1912 日本旅行協會成立。
大阪「新世界」的通天閣完工。
大阪「新世界」的首條空中索道開始運行。

大正

二年 1913 吉田初三郎完成鳥瞰圖的處女作《京阪電車導覽指南》。
志賀直哉至城崎溫泉療養身體。

三年 1914 東京車站開始營業。
寶塚新溫泉開始表演寶塚少女歌劇。
巴拿馬運河開通。

七年 1918 第一條纜車於奈良縣生駒山開始運行。

十一年 1922 日本航空輸送研究所首次開設定期航班。
愛因斯坦博士至日本。

十二年 1923 ※關東大地震。
由名建築家法蘭克・洛伊・萊特設計的帝國飯店完工。
長崎至上海的一周兩航班開始運行。

十三年 1924 雜誌《旅》創刊。

十四年 1925 初風號與東風號的訪歐大飛行成功。
國鐵熱海線開通，東京—熱海只需三小時便能抵達，十分便利。
日本旅行協會販售折價券。
東京首台定期遊覽公共汽車開始運行。

昭和

二年 1927 選定日本新八景。
油屋熊八於別府溫泉採用公車女性導覽員。

四年 1929 國策公司日本航空輸送的第一號機起飛。
太平洋上的女王——淺間丸出航。

五年　1930　超級特快列車「燕」開始運行。
冰川丸加入西雅圖航線。
六年　1931　於鐵道省內設置國際觀光局。
於羽田開設東京飛行場。
東京航空輸送採用空中小姐。
大佛次郎開始將新格蘭飯店作為寫作的場所。
林芙美子坐上西伯利亞鐵道前往歐洲，其後寫成《三等旅行記》。
七年　1932　卓別林於冰川丸的日式榻榻米座位上享用現炸的天婦羅。
九年　1934　瀨戶內海、雲仙、霧島成為日本最初的國家公園。
滿鐵的特快列車「亞細亞號」開始運行。
此時，新宿已經有「人群聚集處日本第一」之稱。
十二年　1937　神風號訪歐大飛行，寫下前所未有的紀錄。
橫光利一在《東京日日新聞》上開始連載《旅愁》。
※盧溝橋事件爆發，中日戰爭開始。
十三年　1938　東洋最大的商業飯店——第一飯店開幕。
十四年　1939　日本號完成世界一周的飛行。
十六年　1941　※太平洋戰爭爆發。
冰川丸成為海軍救護醫院船艦。
十九年　1944　關門海底隧道的上行路段開通。
旅行證明制度開始施行，長距離的旅行需要持有證明書才能成行。

主要參考史料與文獻

※依出版年代順序編排（包含宣傳手冊）。出版年代不詳的史料在此忍痛割愛，書名、史料名稱等以現代用語表示。

● 《弗蘭克．萊斯利畫報報紙》（*FRANK LESLIE'S ILLUSTRATED NEWSPAPER*），1860年6月2日。

● 福澤諭吉，《西洋旅行導覽》（西洋旅案內），尚古堂，1867。

● 《中外新聞》，1868年4月3日。

● 依光方成，《三円五十錢周遊世界實際記錄》（三円五十銭世界周遊実記），博文館，1891。

● 野木三平治編，《富士山東門新道御殿場車站圖》（富士山東表口新道御殿場停車場図），淺間神社社務所，1892。

● 《風俗畫報》（風俗画報），第一一五號，東洋堂，1897。

● 志賀重昂，《日本風景論》，第十一版，政教社，1900。

● 佐藤勝一，《常陽平磯町鹽浴場全圖》（常陽平磯町潮湯治場全図），1902。

● 《風俗畫報》（風俗画報），第二四四號，東洋堂，1902。

● 安藤荒太，《避暑導覽》（避暑案內），安藤文貫堂，1903。

● 《旅行導覽》（旅行案內），第八號，旅行導覽社，1903。

● 小島烏水，《日本山水論》，隆文館，1905。

● 石川周行編，《世界一周畫報》（世界一周画報），朝日新聞社，1908。

● 三好右京，《嚴島名勝圖會》（厳島名所図会），東陽堂，1909。

● 《建築畫報》（建築画報），1911年8月號，建築畫報社。

● 中村直吉、押川春浪，《歐洲不消費旅行》（欧洲無銭旅行），博文館，1912。

● 巴西爾．權伯連（Basil Hall Chamberlain）等人編著，《穆瑞的日本手冊》（*Murray's Handbook for Japan*），強．穆瑞公司，1913。

● 《東京停車場導覽》（東京停車場案內），鐵道院運輸局，1914。

● 谷口梨花，《自火車車窗》（汽車の窓から），博文館，1918。

● 《建築畫報》（建築画報），1918年3月號，建築畫報社出版。

● 大町桂月，《山水巡禮》（山水めぐり），博文館，1919。

● 《平原》，第五號，滿鐵鐵道部旅客課，1923。

● 大杉榮，《逃離日本記》（日本脱出記），藝術社，1923。

- 高橋保實，《細心周到的飯店與粗心散漫的飯店之二十四小時》（行届いた飯店と不行届の飯店の一昼夜），神田屋商店，1924。
- 木下淑夫，《國有鐵道之將來》（国有鉄道の将来），鐵道時報局，1924。
- 清水正己，《從商業看歐美都會觀光》（商業から見た欧米都会見物），日本評論社，1924。
- 岡本一平，《世界一周的圖畫信紙——美國》（世界一周の絵手紙——亜米利加の部），磯部甲陽堂，1924。
- 《旅》，1924年創刊號，日本旅行文化協會（昭和四十九年發行復刻版）。
- 鐵道省編，《鐵道旅行導覽指南》（鉄道旅行案内），鐵道省，1924。
- 宮入鳴雄編，《淺間》（あさま），淺間編纂部，1925。
- 松川二郎，《旅行之科學》（旅の科学），有精堂書店，1925。
- 《船旅的魅惑——端上餐桌的熱帶果實》（船旅の魅惑——食膳に上る熱帯果実），日本郵船船客課，1926。
- 吉田初三郎，《叡山電鐵導覽指南》（叡山電鉄案内），京都電燈、叡山電鐵課，1926。
- 岡野養之助，《訪歐大飛行誌》（訪欧大飛行誌），朝日新聞社，1926。
- 《新旅行》，1927年6月號，溫泉之日本社。
- 上村知清，《歐洲旅行導覽》（欧州旅行案内），海外旅行導覽社，1927。
- 《海》，第十七號，大阪商船，1928。
- 三宅克巳，《世界巡禮》（世界めぐり），收錄於《大日本百科全集》第三十五卷，誠文堂，1928。
- 《旅行與傳說》（旅と伝説），1928年4月號，三元社。
- 相馬氏歸國歡迎會編，《中村屋店主相馬愛藏氏歐洲視察談》（中村屋店主　相馬愛蔵氏欧州視察談），相馬氏歸國歡迎會，1928。
- 吉田初三郎，《日本航線導覽指南》（日本ライン御案内），犬山町役場，1928。
- 《海水浴——房總常磐一帶》（海水浴——房総常磐方面），東京鐵道局，1929。
- 《高麗橋》，舉辦高麗橋渡橋典禮有志之士，1929。
- 《國立公園》，創刊號，國立公園協會，1929。
- 畑中健三，《名橋巡禮》（名橋巡ぐり），太陽堂書店，1929。
- 松川二郎，《以療養為主的溫泉導覽》（療養本位温泉案内），白揚社，1929。
- 西村貫一，《日本的高爾夫球史》（日本のゴルフ史），文友堂，1930。
- 伊凡・亞歷山大羅維奇・岡察洛夫（Иван Александрович Гончаров）著，平岡雅英譯，《日本旅行記》，俄國問題研究所，1930。
- 《神社參拜》（神もうで），鐵道省，1930。
- 《地獄巡禮》（地獄めぐり），龜井汽車員工互助會，1928。

- 木越進，《現代的優秀客輪》（現代の優秀客船），大阪寶文館，1931。
- 《行樂》，1931年3月號，靜岡縣旅行協會。
- 忠孝之日本社編輯部編，《新日本照片大觀》（新日本写真大観），忠孝之日本社，1931。
- 《歷史照片》（歴史写真），1931年8月號，歷史照片會。
- 《溫泉》，1932年6月號，日本溫泉協會。
- 《東京遊覽公共汽車》（東京遊覧乗合自動車），東京公共汽車遊覽課，1933。
- 海野信正，《橋之川柳俗話》（橋づくし川柳巷談），小木書房，1933。
- 《旅行日本》，1933年6月、7月號，東京旅行俱樂部。
- 《觀光地與西式飯店》（観光地と洋式ホテル），鐵道省，1934。
- 《優待券飯店導覽》（クーポン飯店案内），日本旅遊協會，1934。
- 《到山裡去》（山へ），大阪鐵道局，1934。
- 《旅行與地方驕傲》（旅行とお国自慢），1934年4月號，帝國旅行新聞社。
- 江口次郎，《名勝溫泉飯店圖章集——附錄神社寺院鐵道電鐵航路汽車》（名勝温泉飯店スタンプ集——附録神社寺院鉄道電鉄航路自動車），日本圖章協會，1934。
- 鎌田小俊，《丹那隧道完工過程》（丹那トンネルの出来上る迄），熱海新聞社出版部，1934。
- 《旅行日本》，1934年6月號，東京旅行俱樂部。
- 《我們日本人》（*We Japanese*），富士屋飯店，1934。
- 日本旅行協會翻譯、編輯，《外國人眼中日本的側臉》（外人の見た日本の横顔），日本旅行協會，1935。
- 名古屋鐵道局金澤運輸事務所編，《服務讀本——飯店女招待用》（サービス読本——飯店女中用），北陸溫泉協會，1935。
- 《出雲參拜》（出雲まゐり），竹野屋飯店，1935。
- 海尾渡，〈昭和西洋旅行導覽〉（昭和西洋旅案内），收錄於《旅》1935年1—4月號，日本旅行俱樂部。
- 大塚陽一，《服務讀本》（サービス読本），元裕社，1936。
- 日本旅行協會編，《協會讀本》（ビューロー讀本），日本旅行協會，1936。
- 《滿州溫泉導覽》（滿州温泉案內），滿鐵鐵道部旅客課，1936。
- 《定期航空導覽》（定期航空案内），日本航空輸送，1937。
- 《旅行與相機》（旅とカメラ），1937年8月號，日本旅行會。
- 《比叡山導覽》（*Guide to Mt. Hiei*），京都電燈、叡山電鐵課，1937。
- 相馬愛藏，《作為一位商人——信念與體驗》（一商人として——所信と体験），岩波書店，1938。

- 《定期航空路線地圖》（定期航空路地図），日本航空輸送，1938。
- 日本航空輸送編輯，《日本航空輸送株式會社十年史》（日本航空輸送株式会社十年史），日本航空輸送，1938。
- 《琵琶湖諸島一周巡禮》（びわ湖一周島めぐり），京阪電車、太湖輪船，1938。
- 維奇・包姆（Vicki Baum）著，葦田坦譯，《上海飯店》（上海ホテル），改造社，1939。
- 《青年徒步旅行》，廣島鐵道局，1939。
- 《大軌・參急・關急電鐵沿線導覽圖》（大軌・参急・関急電鉄沿線案内図），大阪電氣軌道，1939。
- 《快樂的旅行》（旅は楽しく），滿鐵鐵道總局營業局旅行課，1939。
- 《本周熱門情報》（*This Week's Attractions*），日本旅行協會，1939。
- 和辻春樹，《隨筆・船》（随筆　船），明治書房，1940。
- 石坂洋次郎，《東北溫泉風土記》（東北温泉風土記），日本旅行協會，1940。
- 井上萬壽藏，《觀光讀本——觀光事業的理論與問題》（観光読本——観光事業の理論と問題），無何有書房，1940。
- 橫光利一，《旅愁》，改造社，1940。
- 中村美佐雄，《旅館研究》（旅館研究），歐盧旅行社（オール旅行社）出版部，1942。
- 《旅》，1943年7月號，日本旅行俱樂部。
- 森田玉（森田たま），《飯店的人們》（ホテルの人々），東寶書店，1943。
- 金谷正夫，《上海記》（上海記），興風館，1944。
- 《日本飯店簡史》（日本ホテル略史），運輸省，1946（日本飯店協會復刻版，1955）。
- 林芙美子，《三等旅行記》，方向社，1948。
- 每日新聞社編，《每日新聞七十年》，每日新聞社，1952。
- 《熱海》，熱海市役所，1953。
- 金谷真一，《與飯店一同的七十五年》（ホテルと共に七拾五年），金谷飯店，1954。
- 獅子文六，〈格蘭飯店的記憶〉（グランドホテルの記憶），收錄於《飯店回顧》（*Hotel review*）1955年6月號，日本飯店協會。
- 《創業百年的長崎造船所》（創業百年の長崎造船所），三菱造船，1957。
- 《特快車物語——東海道線之今昔》（特急物語　東海道線の今昔），交通新聞編輯局，1958。
- 大倉喜七郎口述，《川奈的成長過程》（川奈の生い立ち），川奈飯店，1962。
- 犬丸徹三，《與飯店一同走過的七十年》（ホテルと共に七十年），展望社，1964。
- 《神戶高爾夫球俱樂部史》（神戸ゴルフ倶楽部史），神戶高爾夫球俱樂部，1966。

● 獅子文六，《鈴鈴電車》（ちんちん電車），朝日新聞社，1966。

● 每日新聞社，《大阪百年》，每日新聞社，1968。

● 秋永芳郎等，《隧道一百年——日本的鐵道》（トンネル１００年——日本の鉄道），每日新聞社，1968。

● 渡邊公平、田村博，《旅情一百年——日本的鐵道》（旅情１００年——日本の鉄道），每日新聞社，1968。

● 雷路伊（Theodor Edler von Lerch）著，中野理譯，《明治日本的回憶——日本滑雪之父手札》（明治日本の思い出——日本スキーの父の手記），中外書房，1970。

● 東京出版企畫社編，《鈴鈴電車八〇年》（チンチン電車８０年），立風書房，1973。

● 伊莎貝菈．伯德（Isabella Lucy Bird）著，高梨健吉譯，《日本內地紀行》（日本奥地紀行），東洋文庫，平凡社，1973。

● 山村順次，《志賀高原觀光開發史》（志賀高原観光開発史），德川林政史研究所，1975。

● 華特．韋士頓（Walter Weston）著，山崎安治、青木枝朗譯，〈日本阿爾卑斯的登山與探險〉（日本アルプスの登山と探検），收錄於《新編日本山岳名著全集》第一卷，三笠書房，1976。

● 艾米爾．吉美（Emile Étienne Guimet）著，青木啓輔譯，《一八七六你好神奈川——法國人看明治初期的神奈川》（1876ボンジュールかながわ——フランス人の見た明治初期の神奈川），有隣堂，1977。

● 《日本橋》，名橋「日本橋」保存會，1977。

● 白土秀次，《新格蘭飯店五〇年史》（ホテル．ニューグランド５０年），新格蘭飯店出版，1977。

● 京都新聞社編，《京都市電物語——回憶相簿》（京都市電物語——思い出のアルバム），京都新聞社，1978。

● 福澤諭吉著，富田正文校訂，《新訂福翁自傳》（新訂　福翁自伝），岩波文庫，岩波書店，1978。

● 荒川晃，《與下呂溫泉一同》（下呂温泉とともに），水明館，1979。

● 齋藤俊彥，《人力車》，產業技術中心，1979。

● 小林計一郎，《善光寺》（善光寺さん），銀河書房，1979。

● 黑岩健，《登山之黎明——一探「日本風景論」之謎團》（登山の黎明——「日本風景論」の謎を追って），鵜鶘社，1979。

● 岩崎宗純，《箱根七溫泉——其歷史與文化》（箱根七湯——その歴史と文化），有鄰新書，有鄰堂，1979。

● 志多摩一夫，《開發別府觀光之偉人——油屋熊八傳》（別府観光開発の偉人　油屋熊八伝），別府市觀光協會，1979。

● 托克．貝爾茲（Erwin Bälz）編，菅沼竜太郎譯，《貝爾茲的日記》（ベルツの日記），岩波文庫，岩波書店，1979。

● 相原典夫，〈鎌倉海濱飯店考〉（鎌倉海浜ホテル考），收錄於鎌倉文化研究會編，《鎌倉》第三十四號，鎌倉文化研究會，1980。

● 日本歐提斯．電梯公司編，《電梯．手扶梯物語》（エレベーター．エスカレーター物語），日本歐提斯．電梯公司，1981。

● 週刊朝日編，《明治．大正．昭和的價格風俗史》（値段の明治．大正．昭和風俗史），朝日新聞社，1981。

● 杉森久英，《天皇的廚師》（天皇の料理番），集英社文庫，集英社，1982。

● 《日本交通公社七十年史》，日本交通公社，1982。

● 平木國夫，《羽田機場的歷史》（羽田空港の歴史），朝日選書，朝日新聞社，1983。

● 槌田滿文，《明治大正的新語・流行語》（明治大正の新語・流行語），角川選書，角川書店，1983。

● 鴿子巴士社史編纂委員會編，《鴿子巴士三十五年史》（はとバス三十五年史），鴿子巴士，1984。

● 小島五十人，《始終如一——小島愛之助傳　法華俱樂部創業之道》（終始一貫——小島愛之助伝　法華クラブ創業の道），法華俱樂部，1985。

● 阿部要介，《札幌格蘭飯店的五十年》（札幌グランドホテルの50年），三井觀光開發，1985。

● 《新宿車站一〇〇年的腳步——新宿車站開業一〇〇周年紀念》（新宿駅100年のあゆみ——新宿駅開業100周年記念），日本國有鐵道新宿車站，1985。

● 齋藤達男，《日本近代的空中索道》（日本近代の架空索道），日晃社（コロナ社），1985。

● 小口千明，〈在日本對於海水浴的接納以及明治時期的海水浴〉（日本における海水浴の受容と明治期の海水浴），收錄於人文地理學會編，《人文地理》第三十七卷第三號，人文地理學會，1985。

● 藤澤市觀光協會、江之島海水浴場開設一〇〇周年紀念行事執行委員會編，《江之島海水浴場——開設一〇〇周年紀念誌》（江ノ島海水浴場——開設100周年記念誌），藤澤市觀光協會、江之島海水浴場開設一〇〇周年紀念行事執行委員會，1986。

● 愛禮莎・西德莫爾（Eliza Ruhamah Scidmore）著，恩地光夫譯，《日本・人力車旅情》，有鄰新書，有鄰堂，1986。

● 勝俣孝正等，《話昔日箱根》（はこね昔がたり），神奈川新聞社，1986。

● 橫濱開港資料館、橫濱開港資料普及協會編，《橫濱事情之源流考察》（横浜もののはじめ考），橫濱開港資料普及協會，1988。

● 賀伯・喬治・博丁（Herbert George Ponting）著，長岡祥三譯，《英國特派員的明治紀行》（英国特派員の明治紀行），新人物往來社，1988。

● 巴西爾・權伯連、威廉・梅森著，楠家重敏譯，《權伯連的明治旅行導覽——橫濱・東京篇》（チェンバレンの明治旅行案内——横浜・東京編），新人物往來社，1988。

● 鏑木清方、山田肇編，《明治東京——隨筆集》（明治の東京——随筆集），岩波文庫，岩波書店，1989。

● 布萊恩・柏克・高福尼（Brian Burke Gaffney）著，平幸雪譯，《花與霜——古拉巴一家的人們》（花と霜——グラバー家の人々），長崎文獻社，1989。

● 長崎縣衛生公害研究所編，《雲仙・小浜溫泉誌》（雲仙・小浜温泉誌），長崎縣小浜町，1990。

● 宮永孝，《萬延元年的美國報告》（万延元年のアメリカ報告），新潮選書，新潮社，1990。

● 市川清流著，楠家重敏編譯，《幕末歐洲見聞錄——尾蠅歐行漫錄》（幕末欧州見聞録——尾蠅欧行漫録），新人物往來社，1992。

● 田口武一，《能變美的建築與無法變美的建築——習慣的美學》（美しくなれる建築なれない建築），彰國社，1993。

● 橫田順彌，《明治古風豪士傳》（明治バンカラ快人伝），筑摩文庫（ちくま文庫），筑摩書房，1996。

● 《SARAI》（サライ），第二十號，小學館，1997。

● 平木國夫，《日本航空公司之發端》（日本のエアライン事始），交通叢書，交通研究協會，1997。

● 山田風太郎，〈怪談築地飯店〉（怪談築地ホテル館），收錄於《明治斷頭台》（明治断頭台），筑摩文庫，筑摩書房，1997。

● 內藤初穗，《太平洋上的女王・淺間丸》（太平洋の女王　浅間丸），中公文庫，中央公論社，1998。

● 橫濱開港資料館編，《圖說艾內斯特・薩道義——幕末維新的英國外交官》（図説アーネスト・サトウ——幕末維新のイギリス外交官），有鄰堂，2001。

● 阿爾伯特・愛因斯坦著，杉元賢治譯，《愛因斯坦在日本談論相對論》（アインシュタイン日本で相対論を語る），講談社，2001。

●《別冊太陽・吉田初三郎的全景地圖——大正・昭和的鳥瞰圖畫家》（別冊太陽　吉田初三郎のパノラマ地図——大正・昭和の鳥瞰図絵師），平凡社，2002。
●《大阪人》，2003年6月號（市電、地下鐵特集），大阪都市協會。
●佐藤一一，《日本民間航空通史》，國書刊行會，2003。
●富田昭次，《飯店與近代日本》（ホテルと日本近代），青弓社，2003。
●《香川・讚岐原野》（かがわ　さぬき野），2004年夏季號，香川縣廣聽廣報課。
●日本郵船歴史博物館編，《日本郵船歴史博物館——常設展示解説書》（日本郵船歴史博物館——常設展示解説書），日本郵船，2005。
●和歌山市立博物館編，《和歌浦——景色變遷二〇〇五年秋季特別展（第三十一屆）》（和歌浦——その景とうつりかわり'05秋季特別展〔第三十一回〕），和歌山市教育委員會，2005。
●日本旅行百年史編纂室編，《日本旅行百年史》，日本旅行，2006。

※貫穿全書的參考文獻

●《朝日編年史二十世紀》（朝日クロニクル２０世紀），朝日新聞社。
●《日錄二十世紀》（日録２０世紀），講談社。
●《明治新聞事典》（明治ニュース事典），每日通信。
●《大正新聞事典》（大正ニュース事典），每日通信。
●《昭和新聞事典》（昭和ニュース事典），每日通信。

觀光時代
近代日本的旅行生活
旅の風俗史

作者　富田昭次
譯者　廖怡錚

發行人　莊謙信
總編輯　林宜澐
大眾史叢書主編　蔣竹山
主　　編　廖志墭
執行編輯　林月先
編輯協力　薛慕樺
行銷協力　郭倍宏
書籍設計　黃子欽

出版　蔚藍文化出版股份有限公司
地址：10667 臺北市大安區復興南路二段 237 號 13 樓
電話：02-7710-7864　傳真：02-7710-7868
信箱：azurebooks237@gmail.com
印製　世和印製企業有限公司
總經銷　大和書報圖書股份有限公司
地址：24890 新北市新莊市五工五路 2 號
電話：02-8990-2588
法律顧問　眾律國際法律事務所
著作權律師　范國華律師
電話：02-2759-5585
網站：www.zoomlaw.net

初版一刷　2015 年 9 月
定價　420 元

國家圖書館出版品預行編目 (CIP) 資料

觀光時代：近代日本的旅行生活 / 富田昭次著；廖怡錚譯 . -- 初版 . -- 臺北市：蔚藍文化，2015.09
面；公分
譯自：旅の風俗史
ISBN 978-986-92050-1-6(平裝)
1. 旅遊 2. 生活史 3. 日本

731.9　　104017218

一日發行

製本美麗

紙數六百頁餘

六石佐藤寛先生著

文範

定價金五拾錢

郵稅金拾錢

著作權

明治三十六年四月一日第三種郵便物認可

明治三十六年十一月一日發兌 第八號

旅行案内

此旅行案内を御求めの方へは景物として汽車汽船旅行案内壹部（代價金拾錢）を進呈す

水路部長海軍少將 肝付兼行君
日本郵船株式會社副社長 加藤正義君
校

鐵道作業運輸部長工學博士 平井晴二郎君
大阪商船株式會社社長 中橋德五郎君
閲

庚寅新誌社主手塚猛昌著作 木崎盛政製圖

增補訂正 再版交通全圖

縱五尺横八尺六寸用紙船來上等製本は裏打折本也

附世界交通圖 定價 金參圓

小包料同一郵便區内金五錢、同一郵便區外金拾五錢、臺灣金參拾五錢

發行所

東京市京橋區鎗屋町十五番地

旅行案内社

極東地圖

横四尺五寸

郵稅金六錢

（電話新橋一〇〇四）

菊全版壹冊

山根正次先生著

婦人之生活

正價金參拾錢

郵稅金四錢

本月中日曜一日八日十五日廿二日廿九日三日天長節